공부가 되는
별자리 이야기

〈공부가 되는〉 시리즈 ❼
공부가 되는
별자리 이야기

초판 1쇄 발행 2011년 4월 20일
초판 14쇄 발행 2020년 4월 28일

지은이 글공작소

펴낸이 이상순　**주간** 서인찬　**편집장** 박윤주　**제작이사** 이상광
기획편집 박월, 김한솔, 최은정, 이주미, 이세원　**디자인** 유영준, 이민정
마케팅홍보 신희용, 김경민　**경영지원** 고은정

펴낸곳 (주)도서출판 아름다운사람들
주소 (10881) 경기도 파주시 회동길 103
대표전화 (031)8074-0082　**팩스** (031)955-1083
이메일 books777@naver.com
홈페이지 www.books114.net

ⓒ2011, 글공작소
ISBN 978-89-6513-084-0　63890

파본은 구입하신 서점에서 교환해 드립니다.
이 책은 저작권법에 의하여 보호를 받는 저작물이므로 무단 전재와 복제를 금합니다.

공부가 되는
별자리 이야기

지음 글공작소 | **추천** 오양환 (前 하버드대 교수)

아름다운사람들

공부가 되는 별자리 이야기

봄 봄의 별자리 … 10

● 변광성 스피카를 가진 처녀자리 … 12
지하 세계의 왕비가 된 여인

별자리란 뭘까? | 태양계의 가족들 | 별은 왜 반짝일까?
변광성 | 별 밝기를 나타내는 알파, 베타, 감마 | 88개의 별자리표

● 찾기 쉬운 별자리 사자자리 … 24
공포의 황금빛 사자

누가 별자리를 만들었을까? | 별똥별은 왜 생길까?
김유신 장군, 별똥별을 만들다 | 스핑크스

● 북두칠성과 북극성이 있는 큰곰자리, 작은곰자리 … 34
슬프고도 슬픈 이별의 주인공

북두칠성 | 북극성
어마어마한 은하계 | 용자리

● 가장 역사가 오래된 별자리 목동자리 … 42
술이 불러온 비극의 죽음

별은 어떻게 태어날까? | 우주의 처음, 빅뱅
모든 걸 빨아들이는 블랙홀 | 스티븐 호킹, 별이 되다

● 두 개의 접시가 달린 저울 천칭자리 … 52
인간을 사랑한 마지막 여신

코페르니쿠스의 지동설 | 별자리 이름은 어떻게 붙일까?
그래도 지구는 돈다! | 태양과 달의 길, 황도와 백도 | 황도 12궁 별자리

● 보석별 겜마를 가진 북쪽왕관자리 … 60
사랑을 잃은 슬픈 여인

위대한 세 개의 사과 | 스스로 반짝이는 별, 항성
지구는 왜 별이 아닐까?

여름

여름의 별자리 … 68

● 직녀별이 있는 별자리 **거문고자리** … 70
하늘도 감동한 위대한 연인들

견우와 직녀의 전설 | 별들의 색깔은 왜 다를까? | 사람의 눈으로 볼 수 있는 별의 수는?
망원경을 발명한 안경점 주인 | 천체 망원경

● 북십자성이라는 별명을 가진 **백조자리** … 80
나는야, 사랑의 마술사

세상에서 제일 큰 망원경
최초로 별의 거리를 잰 사람은 누굴까?

● 두 개의 별자리가 어우러진 **뱀자리와 뱀주인(땅꾼)자리** … 88
죽은 사람을 살려 낸 의술의 신

별과의 거리를 재는 연주 시차
별의 밝기 등급은 어떻게 정할까?

● 해님과 달님이 된 오누이 **전갈자리** … 96
못 다 이룬 사랑의 주인공

해님과 달님이 된 오누이 | 오리온자리
별들의 고향, 성운과 성단

● 남쪽 하늘에 있는 국자 모양 **궁수자리** … 104
영웅 헤라클레스의 실수

용들의 강, 은하수
끼리끼리, 산개 성단과 구상 성단

가을

가을의 별자리 … 112

● 밤하늘의 넓은 면적을 차지하는 물병자리 … 114
신들의 음료를 따르는 왕자

지구와 달의 마술, 일식과 월식

달의 힘, 밀물과 썰물

● 희미해서 발견하기 쉽지 않은 물고기자리 … 122
아무도 못 말리는 엄마의 사랑

행성에서 탈락한 명왕성 | 행성의 기준은 뭘까? | 내행성과 외행성

소행성과 왜행성 | 운명을 알아보는 점성술 | 별자리와 나의 롤모델

● 봄을 알리는 전령 양자리 … 132
쫓겨난 남매의 지순한 사랑

별의 수명을 어떻게 알까? | 1초에 지구 일곱 바퀴 반 | 지구형 행성과 목성형 행성

지구형 행성과 목성형 행성의 특징 | 태양과 행성들의 무게 알아보기

● 한 해를 시작하는 태양이 머무는 염소자리 … 144
뚝배기보다 장맛 같은 사나이

돌고 도는 자전과 공전

떠돌이별, 혜성

● 북극성을 찾을 때 이용하는 카시오페이아자리 … 152
오만한 어떤 왕비의 비극

정말로 밝은 별, 초신성 | 페르세우스자리

천문학과 천문대 | 별을 관측하기 좋은 시간, 박명

● 가을철 별자리의 기준 페가수스자리 … 161
별이 된 하늘을 나는 백마

자연 위성과 인공위성

세계 최초의 인공위성, 스푸트니크 1호

겨울

겨울의 별자리 … 168

● 가장 먼저 겨울을 알리는 마차부자리 … 170
사랑에 눈먼 공주
세계 최초의 우주견, 라이카 | 지구는 푸른빛이었다!
태양의 표면에 있는 흑점

● 겨울철 쉽게 볼 수 있는 큰개자리 … 178
돌이 되고 만 개
인류, 달 착륙에 성공하다

● 어깨동무를 하고 있는 쌍둥이자리 … 186
삶도 죽음도 함께한 형제
우주 왕복선과 우주 정거장

● 봄을 알리는 겨울 별자리 게자리 … 192
고래 싸움에 새우 등 터진 게
달에는 왜 물과 공기가 없을까?
토끼가 달에서 방아를 찧게 된 이유

● 겨울철을 수놓는 대표적 별자리 황소자리 … 198
천상에서 가장 위대한 흰 소
오즈의 마법사와 외계 생명체 | 지구인이 우주로 보내는 편지
계절 따라 바뀌는 별자리

아이들에게 별자리 공부가 좋은 이유

1 밤하늘의 별자리는 살아 있는 상상력입니다

옛날부터 밤하늘은 인류가 동경하는 신비의 세상이었습니다. 인류는 밤하늘의 별을 보고 상상력을 키웠을 뿐만 아니라 별들의 움직임을 통해 거대한 자연의 섭리를 깨닫게 됩니다. 사람들은 별들의 움직임에는 일정한 규칙이 있고 그것으로 계절이나 기후의 변화뿐 아니라 하늘의 뜻을 예견할 수 있다고 생각했습니다. 그래서 사람들은 인류의 생활과 밀접한 관련이 있는 별들을 좀 더 찾기 쉽고 관찰하기 쉽도록 별자리를 만든 뒤 각 별자리마다 그 특성에 맞는 동물이나 사물, 영웅들의 이름을 붙여 주었습니다. 이런 별자리들은 인류의 상상력과 염원이 담긴 아름답고 신비로운 이야기를 전해 줍니다. 그래서 별자리 속에는 오래전부터 이어 오는 인류의 소중한 자산이자 상상력의 출발점이 되는 수많은 신화들로 가득 차 있습니다.

2 별자리는 인류 과학의 출발점입니다

밤하늘의 별자리는 인류 과학의 출발점이기도 합니다. 인류는 별과 별자리의 변화와 이동을 통해 지구와 우주에 관한 수많은 궁금증과 의문을 가졌습니다. 그래서 밤하늘의 별들에 대한 관찰과 연구를 수천 년 동안 이어 왔고 그 의문과 궁금증에 관한 과학적 집념은 망원경의 발명으로 이어졌습니다. 그 망원경을 통해 수천 년의 상식을 뒤엎는 지구가 둥글다는 사실을 밝혀내기도 했습니다. 그렇게 하늘에 대한 끝없는 상상과 궁금증은 마침내 인류로 하여금 인공위성과 우주선을 만들어 우주 탐험에 나서게 만들었습니다. 지금도 더 나은 미래를 위해 인류는 우주의 신비를 벗겨 내는 노력을 계속하고 있습니다.

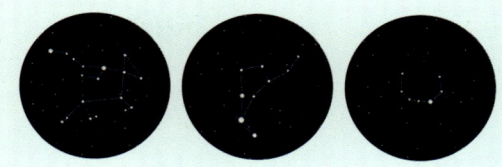

3 별이라 불리는 우주는 인류의 미래입니다

별들과 우주에 관한 과학인 천문학은 인류에게 우주에 대한 무한한 지식을 확장시켜 주었습니다. 또한 우주 어딘가에 또 다른 생명체가 살고 있을 것이라는 미지의 상상력과 별에 대한 탐구라는 과학적 과제도 안겨 주었습니다. 오늘의 인류를 과거의 인류는 상상도 못했듯이 천문학은 현재의 인류가 상상도 할 수 없는 미래의 새로운 세계를 열어 줄 것입니다. 어쩌면 머지않은 미래에 인류는 지구뿐만 아니라 지구보다 더 아름다운 천체에서 행복하게 살아가는 꿈을 이룰 수 있을지도 모릅니다. 그래서 우주라는 밤하늘은 이제 인류의 미래를 밝히는 꿈이 될 것입니다.

4 상상력과 창의력을 여는 〈공부가 되는 별자리 이야기〉

우리 아이들이 〈공부가 되는 별자리 이야기〉에 담긴 우주의 아름다움과 밤하늘의 별자리에 얽힌 신비로운 이야기를 통해 끝없는 상상력과 창의력을 키우기 바랍니다. 아울러 과학적 지식과 교양도 듬뿍 얻기를 바랍니다. 그래서 우주의 신비를 벗겨 내는 미래의 주인공이 되기를 바랍니다. 이 책은 우리 아이들이 밤하늘의 별을 통해 인류의 미래를 만들어 가는 꿈과 희망을 실현하는 데 훌륭한 주춧돌이 될 수 있다고 확신합니다.

봄의 별자리

봄철의 밤하늘에는 은하수가 차차 서쪽으로 기우는데다 밝은 별도 그리 많지 않아요. 그래서 화려한 겨울철 밤하늘에 비해 다소 쓸쓸한 느낌을 주기도 하지요. 봄철에 보이는 대표적인 별자리는 북두칠성이 있는 큰곰자리와 사자자리, 목동자리, 처녀자리 등이에요.

|큰곰자리| |사자자리|

|목동자리| |처녀자리|

변광성 스피카를 가진
처녀자리

처녀자리는 황도 12궁 중에서 가장 크고 유일하게 여성에 관한 이야기를 담고 있는 별자리예요. 처녀자리의 알파별인 스피카Spica는 밤하늘의 별들 중에서 아주 밝은 별에 속해요. 그리고 스피카는 변광성이기도 해요. 태양은 수확의 계절인 가을에 처녀자리를 지나기 때문에 옛날 사람들은 처녀자리를 농업과 수확의 여신으로 여겨 왔지요. 그래서 처녀자리는 그리스로마 신화에서 수확과 땅의 여신 데메테르와 그의 딸 페르세포네와 관련이 있어요.

지하 세계의 왕비가 된 여인

어느 봄날, 대지의 여신 데메테르의 딸 페르세포네는 향기로운 봄바람에 취해 숲 속에서 산책을 즐기고 있었어요. 숲 속에는 막 봉오리를 터뜨리기 시작한 어린 봄꽃들이 사방에 피어나고 있었지요. 페르세포네는 시간 가는 줄 모르고 꽃놀이를 즐겼어요.

"쿵쿵!"

그때 땅속 깊은 곳에서 이상한 소리가 들려 왔어요. 그리고 순식간에 땅이 갈라지더니 네 마리의 검은 말이 이끄는 황금 마차가 나타났어요. 마차에는 검은 옷을 입은 지옥의 신 하데스가 타고 있었지요. 하데스는 꽃향기에 취한 페르세포네의 아름다움에 그만 한눈에 반하고 말았어요.

'이렇게 아름다운 여인이 있단 말인가!'

별자리란 뭘까?

별자리란 밤하늘의 별들을 선으로 이어서 동물이나 물건, 인물 등의 모양으로 나타내어 이름을 붙여 놓은 것을 말해요. 성좌라고도 하지요. 오늘날 사용하는 별자리는 1922년 국제천문연맹에서 정리하여 만든 것이에요. 국제천문연맹에서는 가장 널리 알려진 것을 중심으로 별자리를 88개로 정리했어요. 그렇게 정해진 별자리는 황도 12개, 북반구에 28개, 남반구에 48개예요. 지금 사용하고 있는 별자리는 모두 이때 정한 것들이지요. 이 88개의 별자리 중에 우리나라에서 볼 수 있는 별자리는 모두 67개예요.

하데스는 페르세포네를 자신의 아내로 삼기 위해 황금 마차에 태워 지하 세계로 데려가 버렸어요. 페르세포네가 아무리 살려 달라고 외쳐도 소용없는 일이었지요.

"이 아이가 도대체 어디 있는 거지?"

한편 데메테르는 딸 페르세포네가 늦은 시간까지 돌아오지 않자 여간 걱정되는 것이 아니었어요. 올림포스 신들의 거처에도, 지상의 마을에도 페르세포네를 본 사람은 아무도 없었어요. 데메테르는 페르세포네가 산책하던 숲 속에 도착했어요. 하지만 그곳에서도 딸의 흔적은 전혀 찾아볼 수 없었지요.

"페르세포네! 도대체 어디 있는 거니!"

힘이 쭉 빠져 버린 데메테르는 자리에 주저앉아 슬프게 울기 시작했어요. 땅의 여신 데메테르가 울자 숲 속의 동물들과 식물들도 모두 눈물을 뚝뚝 흘렸어요. 그때 옆에 있던 어린 꽃

▲ 밤하늘의 별들을 선으로 이어서 다양한 별자리를 만든 가상도

> **태양계의 가족들**
>
> 태양계란 태양과 태양 둘레를 돌고 있는 수성, 금성, 지구, 화성, 목성, 토성, 천왕성, 해왕성 등 여덟 개의 행성과 행성 둘레를 돌고 있는 크고 작은 수많은 위성과 소행성, 태양계를 떠돌고 있는 별똥별이라 부르는 유성, 가끔씩 지구를 찾아오는 타원 또는 포물선 궤도를 그리며 돌고 있는 혜성으로 이루어져 있어요.

한 송이가 데메테르에게 말했어요.

"데메테르님, 제가 따님을 보았어요. 지옥의 신 하데스님이 나타나 지하 세계로 데려가 버렸어요."

지옥의 신 하데스가 페르세포네를 지하 세계로 데려간 것을 알게 된 데메테르는 절망하여 하루하루를 눈물로 보냈어요. 데메테르가 깊은 슬픔에 빠져 땅을 돌보지 못하자, 지상의 모든 것이 황폐해져 갔어요. 꽃은 시들고 과일나무에서는 과일이 열리지 않았으며, 논밭은 갈라져 곡식이 자라지 못했지요. 수확을 할 수 없게 되자 사람들의 생활도 아주 힘들어졌어요.

"그래, 제우스를 만나 방법을 찾아보자. 이대로 가다간 나도, 사람들도 모두 힘들어질 뿐이야."

데메테르는 신들의 제왕 제우스에게 달려가 도와 달라고 사정했어요. 데메테르의 이야기를 들은 제우스는 어쩔 줄 몰랐어요. 하데스는 바로 제우스의 형제였기 때문이에요.

'이걸 어쩐다? 페르세포네를 데려오면 하데스가 실망할 텐

▲ 태양과 태양계의 행성들

별은 왜 반짝일까?

별들이 반짝이는 것은 지구의 대기가 움직이기 때문이에요. 대기란 지구 주위를 둘러싸고 있는 공기를 말해요. 대기가 움직이니 지구에 들어오던 별빛도 같이 흔들리는 것이지요. 그래서 우리 눈에는 반짝이는 것처럼 보이는 거예요. 밤에 바닷가에서 멀리 있는 등대나 고깃배의 불빛이 반짝이는 것도 같은 이치예요. 지구의 공기는 시시각각 움직이고 변하기 때문에 공기를 통해 들어오는 별빛도 같이 따라 흔들리게 되지요. 이뿐만 아니라 별빛이 공기층을 뚫고 내려오면서 꺾이고 휘어지는 현상이 함께 결합되어 별들이 반짝이게 되는 것이지요.

데……. 그렇다고 페르세포네를 지하 세계에 그대로 두자니 데메테르가 가만있을 리가 없지.'

고민하던 제우스는 데메테르에게 말했어요.

"내가 하데스에게 말해 페르세포네를 다시 지상으로 돌려보내도록 하겠소. 하지만 한 가지 조건이 있소. 페르세포네가 지하 세계의 음식을 아무것도 먹지 않았어야 하오."

제우스와 약속한 데메테르는 급히 페르세포네가 있는 지하 세계로 내려갔어요.

"페르세포네! 그동안 잘 있었느냐!"

"어머니!"

페르세포네는 자신을 데리러 온 어머니를 향해 뛰어갔어요. 그렇게 만난 데메테르와 페르세포네는 눈물을 멈추지 못한 채 계속 울었어요.

"어서 가자, 나의 딸아. 네가 지하 세계의 음식을 한 입도 먹지 않았다면 지금 바로 지상으로 올라 갈 수 있단다."

데메테르가 페르세포네의 팔을 잡아 끌며 말했어요. 그러자 페르세포네가 슬픈 눈으로 데메테르를 바라보며 고개를 저었어요.

"어머니, 이를 어쩌면 좋아요? 오늘 그만 하데스가 준 석류 알을 먹어 버리고 말았어요……."

제우스가 데메테르에게 한 약속을 알고 있었던 하데스가 페르세포네를 유혹했던 거예요. 페르세포네는 석류 알을 먹으면 집으로 보내 주겠다는 하데스의 말에 넘어가 그만 석류 알을 삼켜 버렸어요. 그런데 그 석류 알은 바로 지하 세계의 음식이었어요. 그래서 페르세포네는 졸지에 하데스의 아내가 되고 말았지요. 딸을 데려갈 수 없게 되자 데메테르는 다시 제우스를 찾아가 무릎을 꿇고 슬피 울면서 말했어요.

"오, 신들의 왕이자 위대한 제우스여, 제발 제 딸을 돌려주십

변광성

시간에 따라서 밝기가 변하는 별을 말해요. 별 자체의 원인 때문에 밝기가 변하면 본질적 변광성이라 하고, 한 별이 다른 별을 때때로 가려서 별의 밝기가 변하는 것은 식변광성이라 해요. 여기서 식이란 '갉아 먹다' 라는 뜻이에요. 일식이나 월식이라고 할 때의 '식'도 바로 '갉아 먹다' 라는 뜻을 담고 있어요. 우리가 변광성이라 하면 주로 본질적 변광성을 말해요. 또 본질적 변광성은 팽창과 수축을 되풀이하는 맥동 변광성과 짧은 시간에 폭발적으로 그 밝기가 변하는 폭발 변광성으로 나뉘어요.

별 밝기를 나타내는 알파, 베타, 감마

별자리를 만드는 별들은 같은 별이지만 별의 밝기는 서로 달라요. 그러면 이런 별들은 어떻게 구분해서 부를까요? 이런 어려움을 해결하기 위해 별자리에서 밝은 별부터 그리스 문자를 붙여 이름을 지어요. 그리스 문자는 알파-베타-감마-델타 이런 순서로 나가요. 영어로 a, b, c를 알파벳이라고 하는데 그 이름이 바로 그리스의 알파, 베타에 어원을 두고 있는 것이지요. 예를 들어 처녀자리의 가장 밝은 별은 알파(α), 두 번째 밝은 별은 베타(β), 세 번째 밝은 별은 감마(γ), 그 다음은 델타(δ), 이렇게 부르는 거예요. 하지만 세월이 흐르면서 별의 밝기가 달라지는 경우도 있어요. 쌍둥이자리는 알파별 카스토르보다 베타별 폴룩스가 더 밝아요. 옛날에는 카스토르가 더 밝았지만 밝기가 변해 지금은 폴룩스가 더 밝은 거예요.

시오. 페르세포네와 함께 지낼 수 없다면 저는 더 이상 땅을 보살피지 않을 것입니다."

사람들을 굶어 죽게 할 수 없었던 제우스는 결국 중재자로 나섰어요.

"페르세포네는 지하 세계의 음식을 먹었소. 그러니 하데스의 아내가 된 것은 이미 되돌릴 수 없는 일이오. 하지만 딸과 생이별을 시킬 순 없으니, 일 년 중 3개월은 지하 세계에서, 나머지 달은 지상에서 보낼 수 있게 해 주겠소."

그렇게 해서 페르세포네는 일 년 중 3개월은 하데스와 함께 지하 세계의 왕비로 지냈어요.

그 기간 동안 데메테르는 딸에 대한 그리움 때문에 땅을 제대로 보살피지 못했지요. 그래서 이 시기에는 곡식이 자라지도 않았고, 땅의 생기마저 사라지는

▲ 처녀자리 가상도

겨울이 되었어요. 하지만 페르세포네가 돌아오면 대지의 여신 데메테르는 생기를 되찾았어요. 이때는 땅 위의 나무들이 되살아나고 새싹이 싱그러운 초록 잎을 피우는 봄이 되었지요.

88개의 별자리표

1922년 국제천문연맹에서 체계적으로 정리한 88개의 별자리는 다음과 같아요. 그리고 혼란을 피하려고 라틴어로 공식적인 이름을 정했어요.

한국어 이름	학명	기원	한국어 이름	학명	기원
거문고자리	Lyra	고대프톨레마이오스	땅꾼자리	Ophiuchus	고대프톨레마이오스
게자리	Cancer	고대프톨레마이오스	마차부자리	Auriga	고대프톨레마이오스
고래자리	Cetus	고대프톨레마이오스	망원경자리	Telescopium	1763년, 라카유
고물자리	Puppis	1763년, 라카유	머리털자리	Coma Berenices	1603년, 우라노메트리아
공기펌프자리	Antlia	1763년, 라카유	멘사자리	Mensa	1763년, 라카유
공작자리	Pavo	1603년, 우라노메트리아	목동자리	Bootes	고대프톨레마이오스
궁수자리	Sagittarius	고대프톨레마이오스	물고기자리	Pisces	고대프톨레마이오스
그물자리	Reticulum	1763년, 라카유	물뱀자리	Hydrus	1603년, 우라노메트리아
극락조자리	Apus	1603년, 우라노메트리아	물병자리	Aquarius	고대프톨레마이오스
기린자리	Camelopardalis	1624년, 바르트쉬	방패자리	Scutum	1690년, 헤벨리우스
까마귀자리	Corvus	고대프톨레마이오스	백조자리	Cygnus	고대프톨레마이오스
나침반자리	Pyxis	1763년, 라카유	뱀자리	Serpens	고대프톨레마이오스
날치자리	Volans	1603년, 우라노메트리아	봉황자리	Phoenix	1603년, 우라노메트리아
남십자가자리	Crus	1603년, 우라노메트리아	북쪽왕관자리	Corona Borealis	고대프톨레마이오스
남쪽물고기자리	Piscis Austrinus	고대프톨레마이오스	비둘기자리	Columba	1679년, 로이에
남쪽삼각형자리	Triangulum Australe	1603년, 우라노메트리아	사냥개자리	Canes Venatici	1690년, 헤벨리우스
남쪽왕관자리	Corona Australis	고대프톨레마이오스	사자자리	Leo	고대프톨레마이오스
도마뱀자리	Lacerta	1690년, 헤벨리우스	살쾡이자리	Lynx	1690년, 헤벨리우스
독수리자리	Aquila	고대프톨레마이오스	삼각형자리	Triangulum	고대프톨레마이오스
돌고래자리	Delphinus	고대프톨레마이오스	케페우스자리	Cepheus	고대프톨레마이오스
돛자리	Vela	1763년, 라카유	켄타우루스자리	Centaurus	고대프톨레마이오스
두루미자리	Grus	1603년, 우라노메트리아	시계자리	Horologium	1763년, 라카유

한국어 이름	학명	기원	한국어 이름	학명	기원
쌍둥이자리	Gemini	고대프톨레마이오스	처녀자리	Virgo	고대프톨레마이오스
안드로메다자리	Andromeda	고대프톨레마이오스	천칭자리	Libra	고대프톨레마이오스
양자리	Aries	고대프톨레마이오스	카멜레온자리	Chamaeleon	1603년, 우라노메트리아
에리다누스자리	Eridanus	고대프톨레마이오스	카시오페이아자리	Cassiopeia	고대프톨레마이오스
여우자리	Vulpecula	1690년, 헤벨리우스	컴퍼스자리	Circinus	1763년, 라카유
염소자리	Capricornus	고대프톨레마이오스	컵자리	Crater	고대프톨레마이오스
오리온자리	Orion	고대프톨레마이오스	큰개자리	Canis Major	고대프톨레마이오스
외뿔소자리	Monoceros	1624년, 바르트쉬	큰곰자리	Ursa Major	고대프톨레마이오스
용골자리	Carina	1763년, 라카유	바다뱀자리	Hydra	고대프톨레마이오스
용자리	Draco	고대프톨레마이오스	큰부리자리	Tucana	1603년, 우라노메트리아
육분의자리	Sextans	1690년, 헤벨리우스	토끼자리	Lepus	고대프톨레마이오스
이리자리	Lupus	고대프톨레마이오스	파리자리	Musca	1603년, 우라노메트리아
인디언자리	Indus	1603년, 우라노메트리아	팔분의자리	Octans	1763년, 라카유
작은개자리	Canis Minor	고대프톨레마이오스	페가수스자리	Pegasus	고대프톨레마이오스
작은곰자리	Ursa Minor	고대프톨레마이오스	페르세우스자리	Perseus	고대프톨레마이오스
작은사자자리	Leo Minor	1690년, 헤벨리우스	헤라클레스자리	Hercules	고대프톨레마이오스
전갈자리	Scorpius	고대프톨레마이오스	현미경자리	Microscopium	1763년, 라카유
제단자리	Ara	고대프톨레마이오스	화가자리	Pictor	1763년, 라카유
조각가자리	Sculptor	1763년, 라카유	화로자리	Fornax	1763년, 라카유
조각칼자리	Caelum	1763년, 라카유	화살자리	Sagitta	고대프톨레마이오스
조랑말자리	Equuleus	고대프톨레마이오스	황새치자리	Dorado	1603년, 우라노메트리아
직각자자리	Norma	1763년, 라카유	황소자리	Taurus	1763년, 라카유

찾기 쉬운 별자리
사자자리

사자자리는 황도 12궁 중에서 가장 찾기 쉬운 별자리에 속해요. 이집트에서는 사자자리를 스핑크스자리라고 생각했어요. 스핑크스는 얼굴은 사람이고 몸은 사자를 닮은 상상의 동물이지요. 사자자리 근처에는 혜성이 뿌린 별똥별 무리가 있어요. 그래서 지구가 이곳을 지날 때면 별똥별이 비처럼 쏟아져요. 그리스로마 신화에서 사자자리는 영웅 헤라클레스의 열두 가지 과업 중 첫 번째 과업과 관련된 재미있는 이야기를 담고 있어요.

공포의 황금빛 사자

아주 먼 옛날 하늘이 온통 혼란에 빠져 별들이 그들의 자리를 떠나고, 혜성이 하늘을 날아다닌 적이 있었어요. 이때 불타는 별똥별 하나가 황금 사자의 모습으로 그리스의 네메아 마을 골짜기로 떨어졌어요. 그리고 어느 날 네메아 마을에 이상한 일이 벌어졌어요. 마을 사람들은 당황스러웠지요.

"닭들이 모두 어디 갔지?"

"외양간에 있어야 할 소가 사라졌어!"

시간이 지날수록 피해를 입은 네메아 사람들이 더 많아졌어요. 그래서 사람들은 늦은 밤 숨어서 소와 닭을 훔쳐 간 범인이 나타날 때까지 지켜보기로 했지요. 그리고 가축을 잡아먹는 범인이 바로 무시무시한 황금 사자라는 것을 알아냈어요. 사람들은 황금 사자를 처치하려 했지만 엄두가 나지 않았어요. 황금

누가 별자리를 만들었을까?

고대 바빌로니아, 이집트, 그리스 사람들은 하늘에 수없이 떠 있는 별들 가운데 가까이 있는 것을 몇 개씩 이어서 형태를 만들어 이름을 붙여 주었는데 이것을 별자리라고 해요. 그리고 이름을 지을 때는 가능하면 잘 알려진 영웅이나 신들의 이름을 붙여 주고 기념하였지요. 그리스와 로마에서는 그리스로마 신화에 나오는 주인공을 별자리 이름으로 붙여 주었어요. 옛날에 별자리는 여행자와 배를 타고 다니는 사람들의 길잡이 역할을 했어요. 특히 뱃사람들은 밤하늘에 만들어 놓은 별자리를 통해 항해의 방향을 알 수 있었기 때문에 그 시절 별자리는 바로 항해의 나침반이었어요.

사자는 오히려 으르렁거리며 사람들을 위협했어요. 황금 사자는 여태까지 보았던 다른 어떤 사자보다 몸집이 크고 성질도 사나웠어요. 겁나는 게 없는 황금 사자는 밤낮을 가리지 않고 마을의 가축은 물론 사람까지 잡아먹기 시작했어요. 네메아 사람들은 걷잡을 수 없는 공포에 시달렸어요. 결국 마을 사람들은 에우리테우스 왕을 찾아가 이 사실을 알렸어요.

"왕이시여, 제발 우리 네메아를 이 황금 사자로부터 구해 주십시오!"

에우리테우스 왕은 이 사건을 해결하기 위해 힘센 영웅 헤라클레스에게 황금 사자를 잡아오라고 명령했어요. 하지만 한편으로는 아무리 헤라클레스라 해도 이 무시무시한 황금 사자를 이길 수는 없을 것이라 생각했어요.

"영웅 헤라클레스여, 황금 사자를 물리치도록 해라!"

헤라클레스는 왕의 명령을 받고 청동으로 만든 곤봉과 마법

▲ 관측이 쉬워 많은 사람들에게 알려진 페르세우스 유성별똥별 군단

▲ 등대에 떨어지는 유성별똥별의 모습

　의 활을 챙겨 길을 떠났어요. 마침내 황금 사자가 사는 커다란 동굴에 도착한 헤라클레스는 큰 소리로 외쳤어요.

　"사람들을 괴롭히는 괴물 사자야! 당장 나와라!"

　동굴 안을 쩌렁쩌렁 울리는 헤라클레스의 목소리는 온 산을 뒤흔들었어요. 그 소리를 듣고 잠에서 깨어난 황금 사자는 마침 배가 고팠는지 사람 냄새를 맡고 달려나왔어요.

　"네가 바로 그 못된 황금 사자구나! 너는 이제 끝났다!"

　헤라클레스는 사자를 향해 마법의 화살을 쏘았어요. 화살은 사자를 향해 정확히 날아갔지만, 사자를 찌르지 못한 채 땅으로 떨어졌어요. 사자의 가죽은 보통 가죽이 아니었어요. 마법의 화살로도 뚫을 수 없는 신비로운 가죽이었지요.

"그렇다면 이 곤봉은 어떠냐!"

헤라클레스는 단단한 바위도 모래처럼 잘게 부수는 청동 곤봉으로 사자의 머리를 힘껏 내려쳤어요. 그러나 이번에도 '땅' 하는 소리만 울릴 뿐, 사자는 아무런 상처도 입지 않았어요. 오히려 이 정도는 아무것도 아니라는 듯 황금 갈기를 사납게 흔들어 보였지요.

화가 난 헤라클레스는 마법의 화살도, 청동 곤봉도 내던진 채 사자를 향해 달려들었어요. 둘은 서로 치고받고 물고 뜯으며 싸웠지만 쉽사리 승부가 나지 않았어요.

'도대체 어떻게 해야 저 사자를 죽일 수 있지?'

별똥별유성은 왜 생길까?

밤하늘에 빛으로 긴 선을 그리며 떨어지는 별을 별똥이라 부르는 이유는 마치 별이 똥을 싼 것처럼 뚝 떨어지기 때문이에요. 우주 공간의 작은 부스러기나 혜성에서 떨어져 나온 파편들이 지구 주위를 돌다가 지구의 공기와 충돌하여 불타오르면서 지구로 떨어지는데 이것을 별똥별이라고 해요. 다른 말로는 유성이라고 하지요. 그리고 대부분의 유성은 떨어지면서 모두 타 버리고 없어져요. 하지만 그중에 질량이 무거운 것은 다 타지 못하고 땅으로 떨어지는 수가 있는데 이것을 운석이라고 해요. 운석은 지구로 떨어지다가 다 타지 못하고 남은 별똥별을 말하는 거예요. 그리고 별똥별이 비처럼 한꺼번에 쏟아지는 것을 유성비 또는 유성우라고 해요.

▲ 운석 조각들

▲ 호주에 있는 거대한 운석 분화구, 울프 크릭 크레이터

그때 헤라클레스의 싸움을 지켜보던 제우스가 소리쳤어요.

"그놈을 목 졸라 죽이도록 해라!"

제우스는 헤라클레스에게 용기를 주었어요. 다시 힘을 얻은 헤라클레스는 맨손으로 사자를 움켜잡았어요. 사자는 이빨이 뽑히고 앞발이 부러졌지만 여전히 사납게 날뛰었어요. 어느새 둘의 싸움은 밤까지 계속되었어요.

"지금이다!"

사자가 지친 틈을 타 기회를 잡은 헤라클레스는 사자의 몸통을 휘감은 채 목을 힘껏 조르기 시작했어요. 사자는 괴로운 듯 몸부림쳤지만, 점점 힘이 빠지더니 축 늘어지고 말았지요. 사자와 싸우느라 온 힘을 다 쓴 헤라클레스도 다리에 힘이 풀려 그 자리에 털썩 주저앉고 말았어요.

김유신 장군, 별똥별을 만들다

옛날 사람들은 별똥별이 떨어지면 불길한 일이 일어난다고 생각했어요. 특히 붉은 별똥별이 떨어지면 나라의 왕이나 장군이 죽는다고 여겼어요. 신라의 김유신 장군이 삼국 통일을 위해 고구려, 백제와 전쟁을 하고 있을 때였어요. 어느 날 밤 서쪽 하늘에서 엄청나게 밝은 별똥이 신라 군사들이 있는 지역으로 떨어졌어요. 이것을 본 신라 병사들은 불길한 징조라며 전쟁에 질 것이라 여기고 벌벌 떨기 시작했어요. 이 사실을 알게 된 김유신 장군은 다음날 밤 몰래 연 꼬리에 횃불을 달아 밤하늘로 올렸어요. 병사들은 밤하늘로 올라가고 있는 횃불을 보고는 별똥별이 다시 올라간다고 생각했어요. 이것을 본 병사들은 떠나간 행운이 돌아온 것이라며 전쟁에 이기는 좋은 징조라 여기고 사기가 하늘을 찔렀지요. 사기가 올라간 병사들은 전쟁에서 큰 승리를 거두었어요.

스핑크스

스핑크스는 그리스로마 신화에 등장하는 상상의 괴물이에요. 인간 여자의 머리와 가슴, 사자의 몸통, 독수리의 날개를 가지고 있지요. 스핑크스라는 이름은 그리스어로 '목을 졸라 죽이는 사람'이라는 뜻이에요. 스핑크스는 그리스의 테베 근처에 살면서 지나가는 사람들에게 "아침에는 네 다리, 낮에는 두 다리, 밤에는 세 다리로 걷는 짐승이 무엇이냐?"라는 수수께끼를 내어 풀지 못하면 그 자리에서 잡아먹어 버렸다고 해요. 훗날 그곳을 지나던 오이디푸스가 "그것은 인간이다"라고 답을 맞히자, 자존심이 상한 스핑크스는 그대로 절벽에 몸을 던져 죽었어요.

▲ 이집트에 있는 스핑크스

다음 날 네메아 사람들은 결과가 궁금해서 해가 뜨자마자 동굴 앞으로 몰려갔어요. 동굴은 아무 일도 없다는 듯 조용했어요.

"헤라클레스가 진 걸까? 아무리 천하의 헤리클레스라고 해도 황금 사자를 물리치기엔 무리였을지도 몰라."

"무슨 소리야, 그는 제우스 신의 아들이잖아! 분명 황금 사자 따윈 아무렇지도 않게 이겼을 거라고."

사람들이 수군거리는 사이, 헤라클레스가 비틀거리며 걸어 나왔어요. 헤라클레스를 본 사람들은 만세를 외치면서 기뻐했어요.

"만세! 헤라클레스가 이겼어!"

헤라클레스는 죽은 사자의 발톱을 뽑아 가죽을 벗긴 뒤 집으로 돌아왔어요. 그리고 마법의 화살도 뚫지 못하는 황금 사자의 가죽으로 옷을 만들어 입었지요. 헤라클레스를 그린 그림에서, 그가 입고 있는 옷이 바로 이 황금 사자에게서 얻은 가죽으로 만든 거예요.

▲ 사자자리 가상도

그 후 제우스는 아들 헤라클레스의 용맹함을 널리 알리기 위해, 네메아의 이 황금 사자를 밤하늘에 올려 별자리로 만들었어요.

북두칠성과 북극성이 있는
큰곰자리, 작은곰자리

큰곰자리는 북두칠성이 포함된 별자리예요. 우리나라에서는 일 년 내내 볼 수 있지만 봄철에 가장 잘 보여 봄철 별자리로 분류해요. 큰곰자리의 허리와 꼬리에 해당하는 일곱 개의 별을 우리는 북두칠성이라고 불러요. 우리나라에서는 북두칠성을 인간의 수명을 관장하는 신령스러운 별자리로 여겼지요. 북두칠성은 그 모양이 국자와 비슷해요. 그리고 작은곰자리는 북극성이 속한 별자리로 그리스로마 신화에서 큰곰자리와 함께 하늘로 올라간 별자리예요. 작은곰자리는 작은 국자에 비유되지요.

슬프고도 슬픈 이별의 주인공

 달의 여신 아르테미스는 남자를 가까이하지 않는 여신이에요. 그래서 아르테미스의 시중을 드는 모든 요정들도 남자를 멀리하겠다는 맹세를 해야 했지요. 칼리스토도 그런 요정 중 하나였지요. 그리고 그녀는 아르테미스가 유독 아끼는 요정이기도 했어요. 그런데 제우스가 그만 요정 칼리스토를 보고 사랑에 빠졌어요. 제우스는 칼리스토에게 접근했지만, 그녀는 제우스의 마음을 단호하게 거절했어요.

 "죄송하지만 저는 아르테미스 여신님께 맹세를 한 몸입니다."

 이대로는 칼리스토의 사랑을 얻을 수 없다는 것을 깨달은 제우스는 그녀에게 다가갈 새로운 방법을 궁리하기 시작했어요. 그러다 아주 기발한 생각을 떠올렸지요.

 "그래, 내가 아르테미스로 변하면 되겠구나!"

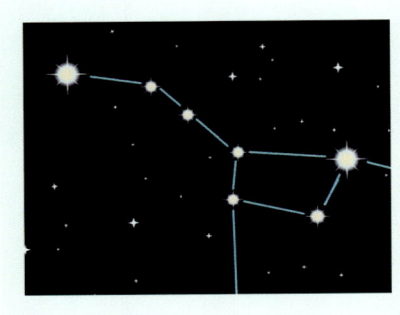

북두칠성

큰곰자리에서 국자 모양을 이루며 가장 뚜렷하게 보이는 일곱 개의 별로 큰곰자리의 꼬리와 엉덩이에 해당해요. '북두'는 북쪽의 국자를 의미하고 '칠성'은 7개의 별을 뜻하지요. 북두칠성은 북극성을 찾을 때 도움이 되는 별이기도 해요. 7개의 별 모두 2등성 안팎의 밝은 별이라 예로부터 뱃사람들의 항해에도 좋은 길잡이가 되었지요.

제우스는 달의 여신 아르테미스로 변신했어요. 누가 보아도 아르테미스로 착각할 만큼 정말 감쪽같았지요. 제우스는 아르테미스의 모습을 하고 칼리스토에게 다가가 말했어요.

"칼리스토, 이리 와 보거라."

"네, 아르테미스님."

칼리스토는 아무런 의심 없이 제우스의 말을 따랐어요. 제우스가 설마 아르테미스로 변신했을 거라고는 전혀 생각하지 못한 거예요. 칼리스토가 무언가 이상하다고 생각했을 때, 제우스는 이미 자신의 본모습으로 돌아와 있었어요.

그리고 얼마 후 제우스의 아이를 가진 칼리스토는 아들 아르카스를 낳았어요. 이 사실을 알게 된 아르테미스는 분노로 견딜 수가 없었어요.

"너는 내가 아끼던 아이였는데, 감히 나와 했던 맹세를 어겼단 말이냐!"

"아르테미스님, 제발 용서해 주세요."

칼리스토는 아르테미스에게 애원했어요. 그러나 아르테미스는 맹세를 어긴 요정들에게는 가차 없이 벌을 내렸어요. 그 상대가 자신의 아버지이자 올림포스 최고의 신인 제우스라 해도 말이에요. 아르테미스는 칼리스토를 커다란 곰으로 만들어 내쫓아 버렸어요.

제우스가 지상에 내려갔을 때는 이미 칼리스토는 곰이 되어 사라져 버렸고, 어린 아르카스만 혼자 울고 있었어요. 제우스는 줄지에 어머니를 잃고 만 아르카스가 너무 불쌍했어요. 그래서 아르카스를 티탄족이 맡아 키우게 했지요.

청년이 된 아르카스는 사냥을 아주 좋아했어요. 여느 때와 마찬가지로 숲

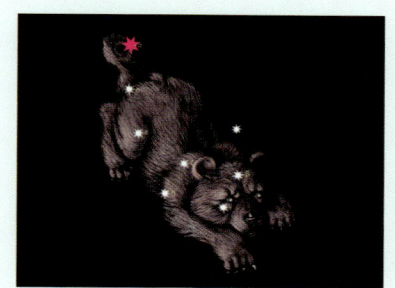

북극성 폴라리스

작은곰자리 꼬리 끝에 있는 별 중 가장 밝은 알파별 폴라리스를 북극성이라고 부르지요. 우리 눈으로 직접 볼 수 있을 정도로 매우 밝기 때문에, 옛날부터 길을 잃어 방향을 찾을 때 도움이 되었어요. 그런데 이 북극성은 고정되어 있는 별이 아니에요. 북극성은 지구 자전축의 연장선상에 있는데, 이 자전축은 원을 그리면서 아주 천천히 움직이고 있어요. 그래서 지금으로부터 5천 년 전에는 용자리의 별이 북극성이었고, 앞으로 1만 2천 년 후의 미래에는 거문고자리의 알파별인 베가가 북극성 자리에 올 것이라고 해요.

▲ 우리 은하계와 닮은 점이 많은 안드로메다은하계의 모습

속에서 사냥을 하던 아르카스는 커다란 곰 한 마리와 우연히 마주쳤어요.

'이럴 수가, 여기서 곰을 만날 줄이야.'

아르카스의 몸이 긴장으로 빳빳하게 굳었어요. 그런데 아르카스의 눈앞에 있는 그 곰은 바로 자신의 어머니 칼리스토였어요. 아르카스는 칼리스토가 여신의 벌을 받아 곰이 되었다는 사실을 전혀 모르고 있었어요.

아들이 보고 싶어 매일 눈물로 지새우던 칼리스토는 자신의 앞에 있는 아르카스를 보고 깜짝 놀랐어요. 비록 오랜 세월 떨어져 지냈지만, 한눈에 자신의 아들이라는 사실을 알 수 있었지요.

'이럴 수가, 아르카스가 내 앞에 있다니. 혹시 꿈을 꾸는 것은 아닐까?'

칼리스토는 기쁨에 어쩔 줄을 몰랐어요. 순간 그녀는 자신이 곰이라는 사실도 잊은 채 아르카스의 이름을 부르며 다가갔어요. 하지만 아르카스에게 칼리스토의 외침은 그저 짐승의

> **어마어마한 은하계**
>
> 은하계는 항성, 성간 물질, 플라즈마, 암흑 물질 등으로 이루어진 거대한 세계예요. 보통 은하계에는 무게 중심 주위를 공전하는 1천만 개에서 1조 개의 항성이 있어요. 그중에 우리 은하계라고 하면 태양계가 속해 있는 은하계를 말하고 우리가 보통 은하수라고 하지요. 태양계가 속한 우리 은하계 말고도 우리가 흔히 들어본 은하계로는 마젤란은하계와 안드로메다은하계 등이 있지요. 그리고 이런 수십 개의 은하계가 모인 것을 은하단이라고 해요.

용자리

용자리는 작은곰자리를 둘러싸고 있는 별자리예요. 우리나라에서는 사계절 다 볼 수 있는 북쪽 하늘의 별자리이지요. 용자리는 머리 백 개가 달린 무시무시한 용 라돈이 하늘로 올라가 별이 된 거예요. 그리스로마 신화에서 아틀라스의 딸 헤스페리데스는 황금 사과가 열리는 나무를 가지고 있었는데, 라돈은 바로 그 나무를 지키는 동물이었어요. 헤라클레스는 열한 번째 과업으로 이 사과를 손에 넣었지요.

무시무시한 울음소리로만 들렸어요. 그는 커다란 곰이 자신을 해치러 달려온다고 생각하고, 활을 쏘려 했어요. 그때 올림포스에 있던 제우스가 이 광경을 보게 되었어요.

"이럴 수가! 자칫하면 제 어머니를 죽이고 말겠군!"

아르카스가 칼리스토를 죽이게 둘 수 없었던 제우스는 그를 작은 곰으로 만들었어요. 그리고 두 모자를 하늘에 올려 별자리로 만들어 주었지요. 칼리스토는 큰곰자리가 되었고, 아르카스는 작은곰자리가 되었어요.

"뭐, 칼리스토와 아르카스가 별이 되었다고?"

한편, 제우스가 두 사람을 별로 만들어 준 사실을 안 헤라는 화가 치밀었어요. 가뜩이나 칼리스토가 남편 제우스의 아이를 낳은 것도 못마땅했는데, 이제는 아들과 함께 하늘에서 반짝반짝 빛나는 별이 되었다니요. 헤라는 당장 바다의 신인 오케아노스와 그의 아내인 바다의 여신 테티스를 찾아갔어요.

"헤라, 올림포스에서 여기까지 오다니 무슨 일인가요?"

두 신은 헤라를 반갑게 맞아 주었어요.

"별이 된 칼리스토와 아르카스 모자 이야기를 들었겠지요? 두 별자리가 절대 바다에서 쉬어 갈 수 없게 해 주세요."

오케아노스와 테티스는 헤라의 부탁을 들어주지 않을 수 없었어요. 그래서 칼리스토와 아르카스는 하늘을 맴돌다 지쳐도, 절대 바다에 들어갈 수 없게 되었어요. 두 별자리가 북쪽 하늘을 돌 뿐, 수평선에 잠기는 일이 없는 것은 바로 헤라의 부탁 때문이랍니다.

가장 역사가 오래된 별자리
목동자리

목동자리는 큰곰자리를 감시하는 별로 알려져 있어요. 왜냐하면 목동자리의 별은 희미한 별까지 포함하여 큰곰자리를 감시하는 듯한 사람의 형태이기 때문이에요. 목동자리의 알파별은 하늘에서 세 번째로 밝은 별인 아크투루스Arcturus예요. 목동자리는 현존하는 별자리 중 가장 오래된 것으로 여겨져요. 그리고 목동자리는 포도주를 만든 사람과 관련된 이야기를 전하고 있어요.

술이 불러온 비극의 죽음

늦은 밤이었어요. 술과 축제의 신 디오니소스가 길을 걷고 있었지요. 이제 막 오랜 여행을 마치고 돌아오는 길이었어요.

"이럴 수가, 벌써 시간이 이렇게 됐네. 하룻밤 묵어갈 곳이 없을까?"

그때 디오니소스의 눈에 한 오두막집이 보였어요. 이카리우스라는 농부의 집이었지요. 디오니소스는 문을 똑똑 두드리며 말했어요.

"실례합니다. 밤이 너무 늦어서 그러는데 하룻밤만 자고 갈 수 없을까요?"

이카리우스는 그를 반갑게 맞이하고 음식을 대접해 주었어요. 화려하고 비싼 음식은 아니었지만, 만든 사람의 정성이 깃든 아주 맛있는 요리였지요. 물론 이카리우스는 디오니소스의

별은 어떻게 태어날까?

별은 우주에 흩어져 있는 가스와 먼지가 모여서 탄생해요. 우주 공간에 가스나 먼지 형태로 흩어져 있는 원자가 몇십 억 년에 걸쳐 서서히 모이다가 일정한 질량이 되면 폭발하여 부서지면서 별로 탄생해요. 이때 처음 생긴 별을 원시별이라고 하지요. 이 원시별이 여러 과정을 거치면서 하나의 안정된 별로 자리 잡게 돼요.

정체를 전혀 눈치채지 못하고 있었어요. 허름한 옷을 걸친 디오니소스는 누가 봐도 영락없는 인간 나그네의 모습을 하고 있었기 때문이에요.

"보잘것없는 음식이지만 더 드시고 싶으시면 얼마든지 말씀하세요."

이카리우스의 친절한 마음씨에 감동한 디오니소스는 그에게 선물을 하나 주기로 했어요.

"갑자기 찾아온 불청객인 나를 이렇게 극진히 대접해 주니 정말 감사하오. 내 그대에게 포도나무를 선물로 주지."

그 순간 디오니소스를 바라본 이카리우스는 깜짝 놀랐어요. 인간의 모습을 하고 있던 디오니소스는 어느새 포도 잎사귀를 머리에 얹은 신의 모습을 하고 있었어요. 신이 자신의 집을 찾아오고 그것도 모자라 포도나무까지 선물해 주다니, 이카리우스는 감격스러움에 어찌할 바를 몰라 무릎을 꿇고 외쳤어요.

"디오니소스님, 정말 감사합니다!"

"하하, 어서 일어나게."

▲ 페르세우스자리에 있는 붉은 가스 구름을 이루고 있는 미국 캘리포니아 주를 닮은 캘리포니아 성운. 이 속에서 별들이 탄생한다.

▲ 빅뱅을 나타내는 가상도

디오니소스는 이카리우스에게 포도 열매로 술을 만드는 법도 가르쳐 주었어요.

시간이 흐르고, 탐스러운 보랏빛 포도가 포도나무에 주렁주렁 열렸어요. 이카리우스는 디오니소스가 알려 준 대로 포도주를 만들었어요. 그리고 이를 기념하기 위해 넓은 공터를 빌려 동네 사람들과 함께 잔치를 벌였어요.

"제가 만든 포도주인데 모두 맛 좀 보세요."

사람들은 이카리우스가 따라 주는 포도주를 들이켰어요.

"오, 이게 그 디오니소스님이 주신 포도로 만든 술이란 말이지?"

"정말 달콤하고 맛있네요."

처음 맛보는 포도주에 흠뻑 빠진 사람들은 하나같이 입을 모아 이카리우스를

우주의 처음, 빅뱅

우리말로는 대폭발이라고 해요. 한마디로 우주의 처음을 설명하는 이론이지요. 빅뱅이란 미국의 천문학자 에드윈 허블의 우주 팽창설에 기초해서 만들어졌어요. 이 이론에 따르면 우주는 폭발하기 전에 모든 물질과 에너지는 작은 점에 갇혀 있었어요. 그런데 어느 순간 압력을 견디지 못하고 에너지 덩어리가 대폭발을 일으켰고 이후 우주는 아주 짧은 시간 동안 급속도로 팽창하기 시작하면서 지금과 같은 모양이 되었다는 것이지요.

▲ 에드윈 허블

모든 걸 빨아들이는 블랙홀

블랙홀은 아인슈타인의 일반 상대성 이론에 근거를 두고 있어요. 블랙홀이라는 물질이 극단적인 수축을 일으키면 그 안의 중력은 무한대가 되어 빛, 에너지, 물질, 입자 어느 것도 탈출하지 못한다는 이론이에요. 블랙홀이 만들어지는 과정은 두 가지 설이 있어요. 하나는 태양보다 무거운 별이 강하게 수축하면서 생긴다는 것이고 다른 하나는 빅뱅이 일어날 때 크고 작은 덩어리로 뭉쳐진 물질이 수많은 블랙홀이 되었다는 것이에요. 이때 모든 걸 빨아들이고 내놓지 않아 암흑의 공간이 되기 때문에 암흑의 공간이라는 뜻에서 블랙홀이라고 부르지요.

▲ 아인슈타인

칭찬했어요.

"우리가 이렇게 맛있는 술을 마실 수 있는 건 모두 이카리우스 덕분이야. 이카리우스가 디오니소스 신을 친절하게 맞이하지 않았다면 포도주를 만들 수 있었겠어?"

사람들은 신이 나서 포도주를 한 잔, 두 잔 계속 마시기 시작했어요. 어느새 그 많던 포도주가 동이 나 버렸어요. 그리고 사람들의 얼굴도 점점 벌겋게 달아오르기 시작했어요.

"내가 왜 이러지? 자꾸만 어지러워……."

사람들은 비틀거리며 몸을 제대로 가누지 못했어요. 급기야 술에 취한 사람들은 아무 이유 없이 서로를 헐뜯고 때리며 술주정을 시작했어요. 흥겨운 잔치가 여기저기 싸움이 오가는 난장판이 되고 말았어요.

▲ 블랙홀을 나타내는 가상도

"여러분, 진정하세요!"

이카리우스가 아무리 말려도 소용없었지요. 결국은 모두 술에 취해 곯아떨어지고서야 싸움을 멈추었어요. 그리고 아침이 되어 일어나니 모두들 머리가 깨질 듯이 아팠지요. 밖에서 그대로 잠드는 바람에 여기저기 몸이 쑤시기도 했어요.

"뭐야, 내가 왜 코피를 흘렸담?"

어떤 이는 어제 자신이 심하게 싸운 것도 전혀 기억하지 못했어요. 이 모두가 그 전날 술을 너무 많이 마셔서 그런 것이었지요. 하지만 이런 사실을 전혀 몰랐던 사람들은 이카리우스가

스티븐 호킹, 별이 되다

영국에서 태어난 스티븐 호킹은 금세기 최고의 우주 물리학자예요. 그는 아인슈타인 이후로 블랙홀에 관한 지금까지의 학설을 뒤집는 새로운 이론을 내놓은 과학자로 아주 유명해요. 하지만 이것보다 그를 더 유명하게 만든 것은 그가 바로 루게릭병을 앓고 있다는 거예요. 1963년 스티븐 호킹이 대학원생이던 어느 날 그는 갑자기 몸속의 운동 신경이 모두 파괴되고 전신이 뒤틀리는 루게릭병에 걸리게 돼요. 그리고 병원에서 1~2년밖에 살지 못한다는 진단을 받아요. 하지만 그의 인생은 이때부터 달라지지요. 그는 가슴에 꽂은 파이프를 통해 호흡을 하고 휠체어에 부착된 확성기를 통해 대화를 하면서도 연구에 매진하여 우주 물리학에 엄청난 발자취를 남겼어요. 그의 연구 결과는 그를 갈릴레이, 뉴턴, 아인슈타인 다음으로 꼽는 사람으로 만들었어요.

자신들에게 이상한 음료를 먹였다고 생각했어요.

"이카리우스! 우리에게 도대체 무엇을 마시게 한 거지?"

"나쁜 독이 들어 있던 게 틀림없어!"

이카리우스는 자신은 아무것도 넣지 않았다고 억울함을 호소했어요. 하지만 그의 말에 귀 기울여 주는 사람은 아무도 없었지요. 이카리우스는 자신을 향해 막무가내로 달려드는 사람들을 피해 도망가려다, 그만 커다란 포도주잔에 머리를 부딪쳐 죽고 말았어요.

제 주인이 쓰러지는 것을 본 이카리우스의 개 마이라는 재빨리 집으로 뛰어갔어요. 집에는 이카리우스의 딸 에리고네가 아버지를 기다리고 있었어요.

"마이라, 아버지는 어디 가시고 너 혼자만 온 거니?"

마이라는 에리고네를 향해 '컹컹' 짖었어요. 무언가 이상한 낌새를 느낀 에리고네는 마이라를 따라나섰어요. 공터에 도착한 그녀는 머리에 피를 흘린 채 숨을 거둔 아버지의 모습을 보고 말았어요.

"이럴 수가! 아버지, 이게 무슨 일이에요!"

아버지의 갑작스러운 죽음에 에리고네는 충격을 견디지 못해 자신도 아버지를 따라 스스로 목숨을 끊고 말았어요. 주인을 잃은 개, 마이라만 혼자 남게 되었어요.

▲ 스티븐 호킹

"우리가 이카리우스에게 너무 했던 것 같아……."

사람들은 자신들의 행동을 후회하며 마이라를 보살펴 주려 했어요. 하지만 마이라는 사람들이 주는 먹이에 입도 대지 않고 울다가 세상을 떠나고 말았지요. 이 광경을 본 올림포스의 신들은 주인을 위한 마이라의 충성에 감동을 받았어요. 그래서 신들은 마이라를 위해서라도 그냥 있을 수만은 없었어요. 결국 억울한 누명을 쓰고 죽은 이카리우스를 하늘의 별로 올려 주었어요. 바로 이 별이 목동자리예요.

두 개의 접시가 달린 저울
천칭자리

봄철 별자리인 천칭자리는 황도 12궁 중 일곱 번째 별자리예요. 천칭은 물건의 무게를 다는 다른 저울과 달리 두 물건을 달아서 그중에 어느 쪽이 무거운지를 알아내는 저울이에요. 그러다 보니 저울에 두 개의 접시가 달려 있어요. 그래서 옛날에는 선과 악을 구분하는 정의의 저울로 상징되었어요. 그리스로마 신화에서 정의의 여신이 이 저울을 들고 다녔지요.

인간을 사랑한 마지막 여신

세상이 처음 만들어졌을 때, 인간과 신은 매우 평화롭고 행복한 나날을 보냈어요. 신들은 인간을 사랑하여 지상에서 머무르곤 했지요. 그 시기를 황금시대라고 불렀어요.

황금시대의 인간들은 미움이라는 것을 전혀 몰랐어요. 미움을 몰랐으니 싸움이 일어날 일도 없었고 자연스레 창과 칼 같은 무기는 필요 없었지요. 숲 속에는 향기로운 과일들이 가득했고, 곡식들은 일 년 내내 풍성했기에 농사를 짓지 않아도 되었어요. 사람들은 욕심부리지 않고 자신이 필요한 양만 먹으며 즐겁게 생활했어요. 그리고 이렇게 먹을 것이 풍부한 자연을 내려 준 신들에게 감사하는 마음을 가졌지요. 들판에는 꽃들이 만발하고 신전에서

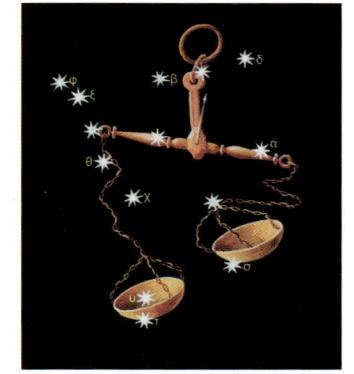

▲ 천칭자리 가상도

코페르니쿠스의 지동설

천동설은 지구를 중심으로 모든 별이 돌고 있다는, 과학이 발달하지 않았던 시절의 우주관이지요. 반대로 지동설은 태양이 태양계의 중심에 있고 지구를 비롯한 나머지 행성들이 그 주위를 공전한다는 과학적 우주관이에요. 지금은 지구가 태양 주위를 돈다는 것이 상식이지만 16세기까지만 해도 사람들은 천동설을 믿었어요. 고대에 천동설을 이론적으로 확실하게 뒷받침한 사람은 프톨레마이오스였지요. 그러나 1543년에 코페르니쿠스가 이 우주관에 의문을 가지고 새로운 지동설을 주장하기 전까지는 모두 다 프톨레마이오스의 천동설을 믿었어요.

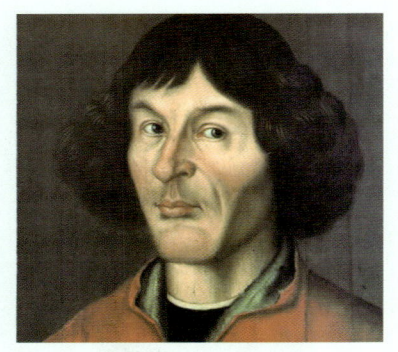
▲ 코페르니쿠스

는 신들을 찬양하는 노랫소리가 끊이지 않았어요.

그러나 언제부터였을까요? 인간들은 조금씩 욕심을 부리기 시작했어요. 이때를 은의 시대라고 불러요. 음식이 필요할 때마다 숲 속에 가는 것보다는 한자리에서 터를 잡고 곡식을 얻는 것이 훨씬 편하다고 생각했지요. 그래서 인간들은 저마다 땅을 하나씩 차지하고 농사를 짓기 시작했어요. 그리고 들판 가득 널려 있는 곡식을 보며 생각했지요.

'더 많은 곡식을 보관할 수 있는 나만의 창고가 있었으면……'

인간들은 짚과 나뭇가지를 엮어 집을 지었고 음식을 창고 가득 저장하기 시작했어요. 창고에 먹을 것을 많이 쌓아둘수록 선망의 대상이 될 수 있었지요. 하지만 이 은의 시대도 그리 오래가지 않앗어요. 이제 인간들은 그 누구보다 더 큰 집을 짓기 위해 안간힘을 썼고 남보다 조금이라도 더 많이 차지하기 위해 욕심부리면서 싸우기 시작했어요. 이 시대를 청동 시대라고 불러요.

과한 욕심은 미움을 낳았고 미움을 알게 된 인간들은 이제 서로를 시기하고 질투하며 다투었어요. 전보다 많은 곡식을 먹으며 몸집이 커진 인간들은 서로의 것을 빼앗기 위한 싸움을 벌이곤 했어요. 이 청동 시대도 그리 오래가지 못했어요. 인간들은 이제 땅 위의 곡식만으로는 만족하지 못했어요. 그래서 땅속을 파헤쳐 광물을 이용해 무기를 만들었지요. 무기를 가지게 된 인간들은 전쟁을 일으켜 서로를 죽이기 시작했어요. 이 시대를 철의 시대라고 불러요. 인간들은 이제 더 이상 서로를 믿지 않았어요. 신전은 이미 오래전부터 침묵만이 흐르고 있었지요.

별자리 이름은 어떻게 붙일까?

처음으로 별자리에 이름을 붙인 사람들은 5천 년 전, 바빌로니아 사람들이라고 해요. 그 후에 다른 나라에서도 별자리 이름을 붙이게 되었지요. 우리나라로 예를 들면 견우별, 직녀별, 북두칠성 같은 별자리 이름들이지요. 하지만 이렇게 이름을 나라마다 붙이다 보니 엄청 큰 혼란이 생겼어요. 우리가 직녀별이라고 부르는 별은 다른 나라에서는 베가별이라고 부르기도 하고 또 거문고자리의 일등성이라고 부르기도 해요. 그래서 1922년 국제천문연맹에서는 별과 별자리의 이름을 한 가지로 통일해 총 88개의 별자리가 되었어요.

그래도 지구는 돈다!

갈릴레오 갈릴레이는 16세기 이탈리아에서 태어난 위대한 과학자예요. 그는 지동설뿐만 아니라 다양한 방면에서 수많은 과학적 업적을 남겼어요. 하지만 당시는 종교가 세상을 지배하던 사회라서 그의 과학적 업적은 본인의 의도와 상관없이 종교적 탄압을 받았어요. 대표적인 것이 바로 지동설이었지요.

갈릴레이는 자신이 만든 천체 망원경을 이용하여 과학적으로 코페르니쿠스의 지동설이 옳다는 것을 밝혀냈어요. 하지만 교황청은 갈릴레오 갈릴레이에게 지동설을 철회하도록 강요하였고 그렇지 않으면 화형을 시키겠다고 협박했어요. 그래서 어쩔 수 없이 자신의 주장을 철회하였어요. 그런 갈릴레오 갈릴레이가 교황청을 나서면서 한 말이 바로 "그래도 지구는 돈다!"였지요. 결국 갈릴레이는 자신의 집에 갇혀서 일생을 보내야 했어요.

"이젠 참을 수가 없어!"

신들은 점점 사악하게 변해 가는 인간들의 모습에 실망감을 감출 수가 없었어요. 그래서 더 이상 인간들을 사랑할 수 없었던 신들은 하나둘씩 하늘로 올라가 버렸어요. 그리고 다시는 내려오는 일이 없었지요. 하지만 정의의 여신인 아스트라이아만큼은 절대 인간들을 포기하지 않았어요. 아스트라이아는 인간들이 다시 예전 모습으로 돌아올 수 있을 거라 굳게 믿고 있었지요.

"생각해 봐요, 처음부터 인간들이 이랬던 건 아니에요. 나는 그들이 황금시대에 들려주었던 아름다운 노랫소리를 잊을 수 없어요. 언젠가 다시 그 노래를 들을 수 있는 날이 꼭 올 거라고 믿어요."

신들은 아스트라이아의 말에 혀를 찼어요.

"괜한 기대하지 마세요. 인간들은 이미 시기와 질투로 물들어 버렸으니까. 그러지 말고 우리와 함께 하늘로 올라가요."

하지만 아스트라이아는 고개를 저었어요.

"나는 인간들과 함께 지상에 남겠어요."

이렇게 해서 아스트라이아는 여전히 인간들과 함께 지상에서 지내게 되었어요.

▲ 갈릴레오 갈릴레이

정의의 여신 아스트라이아에게는 천칭이 하나 있었어요. 천칭은 두 물건의 무게를 달아서 어느 쪽이 무거운지를 알아내는 저울의 한 종류예요. 그런데 아스트라이아가 가지고 있던 천칭은 특별했어요. 진실과 거짓을 가리는 정의의 천칭이었어요.

지상에 남은 아스트라이아는 그 천칭으로 사람들의 죄를 다스렸어요. 어떤 문제를 가지고 두 사람이 서로 싸우면, 그들을 천칭 위에 올려놓고 그 무게를 쟀어요. 아스트라이아의 천칭 위에 올라가면, 거짓말을 한 사람은 아래쪽으로 가라앉고, 정직하게 말한 사람은 위쪽으로 올라갔어요. 아무리 거짓말을 그럴듯하게 해도 소용없었지요.

"천칭이 네 쪽으로 가라앉았으니 너의 죄가 더 무겁구나."

태양과 달의 길, 황도와 백도

지구에서 하늘을 하나의 공으로 보고 이것을 천구라고 해요. 그리고 이 천구에서 태양이 지나가는 자리를 황도, 달이 지나가는 자리를 백도라고 해요. 하지만 사실은 태양이 움직이는 것이 아니라 지구가 태양 주위를 공전하기 때문에 그렇게 보이는 것이지요. 그리고 이 황도에 놓인 12개의 별자리를 황도 12궁이라고 해요.

아스트라이아는 죄를 지은 사람에게 벌을 주며 인간들을 위해 땅 위에서 정의를 가르쳤어요. 하지만 아스트라이아의 믿음에도 불구하고 인간들은 점점 더 나쁘게만 변해 갔어요.

"아, 인간들을 믿었건만……. 이제 나도 더 이상 같이 살 수 없겠구나!"

결국 마지막까지 인간을 믿었던 아스트라이아조차도 슬퍼하며 하늘로 올라가고 말았어요. 비록 하늘로 올라가게 되었지만, 아스트라이아는 인간들을 그대로 내버려 둘 수는 없었어요.

"내가 인간들을 완전히 버릴 수는 없으니, 이 천칭을 하늘의 별자리로 만들어야겠다. 인간들이 하늘을 올려다볼 때마다 정의의 의미를 되새겼으면 좋겠구나."

아스트라이아는 자신이 사용하던 천칭을 하늘에 올려 별자리로 만들었어요. 바로 이것이 지금의 천칭자리예요.

황도 12궁 별자리

황도 12궁의 별자리는 다음과 같아요. 양자리, 황소자리, 쌍둥이자리, 게자리, 사자자리, 처녀자리, 천칭자리, 전갈자리, 궁수자리, 염소자리, 물병자리, 물고기자리예요. 이 별자리들은 각각 그리스로마 신화의 재미있는 이야기를 담고 있어요. 또한 황도 12궁의 별자리들은 사람의 생일에 맞추어 자신의 별점을 가지고 있지요.

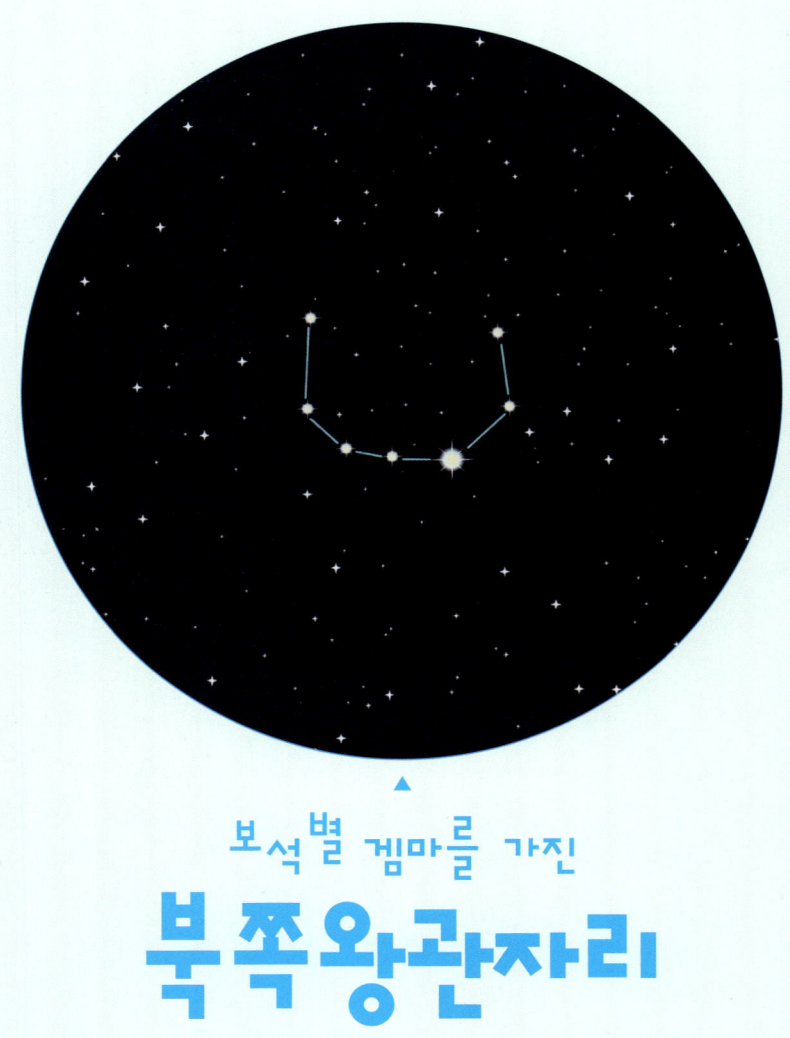

보석별 겜마를 가진
북쪽왕관자리

봄철 별자리인 북쪽왕관자리는 그 크기는 작지만 아주 귀여운 별자리예요. 남쪽왕관자리와 구별하기 위해 북쪽왕관자리라고 불러요. 중국 사람들은 이 별자리를 새끼줄자리라고 불렀고 호주의 원주민들은 부메랑을 닮았다고 부메랑별이라고 불렀어요. 북쪽왕관자리는 그리스로마 신화에서 술의 신 디오니소스가 아리아드네 공주에게 보낸 꽃으로 만든 관에서 유래했어요. 북쪽왕관자리의 알파별은 겜마 Gemma 라고 하는데 겜마는 보석이라는 뜻이에요.

사랑을 잃은 슬픈 여인

미노스 왕이 다스리는 크레타 왕국에는 미노타우로스라는 괴물이 있었어요. 미노타우로스는 머리는 소에, 몸은 사람의 형상을 하고 있는 기괴한 동물이었지요. 그런데 사실 미노타우로스의 어머니는 미노스 왕의 아내인 파시파에 왕비였어요.

옛날 미노스 왕은 크레타 섬의 왕좌 자리를 놓고 형제들과 다투었어요. 그때 미노스 왕을 응원하던 바다의 신 포세이돈이 아름다운 황소를 보내 주었지요. 그러면서 이렇게 말했어요.

"내 너를 도와줄 테니, 네가 왕이 되거든 이 황소를 제물로 바치도록 하여라."

"감사합니다. 왕이 된다면 황소는 당연히 포세이돈님께 제물로 바쳐야지요!"

위대한 세 개의 사과

뉴턴은 어느 날 과수원에서 우연히 떨어지는 사과를 보고 '왜 사과가 꼭 아래로 떨어질까?' 라는 의문을 가지고 우주의 모든 물질은 서로 끌어 당기는 힘이 있다는 만유인력의 법칙을 발견해 내었어요. 그래서 사람들은 뉴턴의 사과를 자연으로부터 인간을 해방시키는 위대한 과학의 발견을 가져온 사과라고 불러요. 그리고 이 사과 말고도 인간의 운명을 바꾼 두 개의 사과가 더 있어요. 다른 하나는 인간이 에덴동산에서 쫓겨나는 이유가 된 이브의 사과를 말해요. 이 사과는 바로 신의 지배로부터 벗어난 인간의 자유 의지를 나타낸다고 하지요. 나머지 하나는 사람이 사람의 지배로부터 벗어나게 되는 자유와 사랑을 상징하는 사과로 아들의 머리에 사과를 올려놓고 활을 쏘아야 했던 빌헬름 텔의 사과를 말해요.

하지만 막상 왕좌를 차지하게 되자, 미노스 왕은 아름다운 황소를 포세이돈에게 주는 대신 자신이 가지고 싶었어요. 그래서 황소를 숨기고 시치미를 뚝 뗐지요.

"왕이 되도록 도와주었더니 은혜도 모르고 약속을 저버린단 말이지!"

화가 난 포세이돈은 황소를 이리저리 미쳐 날뛰게 만들었어요. 그래도 좀처럼 화가 풀리지 않자, 이번에는 미노스 왕의 아내인 파시파에 왕비를 황소와 사랑에 빠지도록 만들어 버렸어요.

황소를 사랑하게 된 파시파에 왕비는 못 만드는 물건이 없는 장인 다이달로스를 불러 자신의 마음을 털어놓았어요. 왕비의 이야기를 들은 다이달로스가 말했어요.

"왕비님, 걱정하지 마시고 저만 믿으

십시오."

다이달로스는 뛰어난 재주로 가짜 암소 형상을 만들어 주었어요. 어찌나 감쪽같았는지 진짜 황소조차 까맣게 속아 넘어갈 정도였지요. 파시파에 왕비는 그 암소 속으로 들어가 황소와 하룻밤을 보낼 수 있었어요. 그렇게 해서 낳은 자식이 바로 미노타우로스예요.

▲ 뉴턴

미노타우로스의 끔찍한 모습을 본 미노스 왕은 당황했어요. 그래서 다이달로스를 불러 미궁을 만들도록 했지요. 미노스 왕은 다이달로스가 파시파에 왕비를 도와주었다는 사실을 미처 모르고 있었어요. 명령을 받은 다이달로스는 한 번 들어가면 다시는 나올 수 없는 미궁을 만들었어요.

미노스 왕은 미궁 속에 미노타우로스를 가두어 버렸어요. 그리고 크레타 섬에 조공을 바치고 있던 아테네에게 해마다 모두 일곱 명의 소년과 소녀를 보내도록 했어요. 그렇게 크레타로 보내진 소년과 소녀들은 미궁 속에 갇혀 이리저리 헤매다

스스로 반짝이는 별, 항성

맑은 날씨의 밤하늘에서는 무려 6,000여개의 반짝이는 별을 볼 수 있다고 해요. 이들 별의 거의 대부분은 모두 스스로 빛을 내고 있으며 너무 멀리 떨어져 있어 움직이지만 움직이지 않는 것처럼 보이기 때문에 항성이라고 불러요. 항성은 핵융합 반응을 통해서 스스로 빛을 내는 고온의 천체이며, 대표적인 것으로는 태양을 들 수 있어요. 우리 은하에는 태양 같은 항성이 천억 개 정도 있다고 해요.

미노타우로스의 먹이가 되었지요.

아네테의 영웅 테세우스는 매년 아테네 사람들이 미노타우로스의 제물이 되는 것을 도저히 두고 볼 수 없었어요.

"미노타우로스를 물리치고 아테네 사람들을 구하는 거야!"

이렇게 결심을 한 테세우스는 스스로 제물이 되어 크레타로 향했지요.

한편 크레타의 미노스 왕에게는 아리아드네라는 아름다운 딸이 있었어요. 그녀는 제물로 온 테세우스를 보자마자 한눈에 반해 버렸어요. 그래서 사랑하는 사람이 미궁 속에서 죽는 모습을 차마 볼 수 없었던 아리아드네는 테세우스를 도와주기로 했어요. 테세우스가 미궁으로 들어가기 전날 밤, 아리아드네는 테세우스를 불러 칼과 실타래를 건네주었어요.

"실타래 실의 한쪽 끝은 입구에서 제가 잡고 있을 테니 테세우스님은 실타래를 풀면서 들어가세요. 괴물을 물리치고 돌아오실 땐 그대로 실을 따라 나오시면 될 거예요."

▲ 스스로 빛을 내는 항성, 태양

아리아드네 덕분에 무사히 미노타우로스를 물리치고 돌아온 테세우스는 그녀와 함께 자신의 고향 아테네로 돌아가기로 했어요. 테세우스와 아리아드네는 돌아가는 도중에 낙소스 섬에서 잠시 쉬어가기로 했어요. 테세우스의 꿈에 술의 신 디오니소스가 나타나 말했어요.

"너와 함께 온 여인을 이 섬에 남겨 두고 떠나라. 그렇지 않으면 아무도 이 섬을 살아서 나가지 못할 것이다."

신의 말을 거역할 수 없었던 테세우스는 잠든 아리아드네

지구는 왜 별이 아닐까?

행성은 태양계 내에서 태양 주위를 공전하며 스스로 빛은 내지 못하고 태양의 빛을 반사하여 빛나는 천체를 말해요. 태양처럼 스스로 빛을 내는 항성을 별이라 하며, 항성의 빛을 반사하여 빛을 내는 행성·위성·혜성 등은 엄밀한 의미에서 별이 아니라 할 수 있어요. 그래서 천문학에서는 행성은 별이 아니고 항성과는 다른 천체라고 구분 짓는 것이지요.

▲ 별이 아닌 행성, 지구

몰래 배를 타고 떠나 버렸어요. 잠에서 깬 아리아드네는 테세우스가 자신을 버리고 도망간 것을 깨닫고 깊은 슬픔에 빠졌어요. 사랑하는 사람을 위해 나라와 가족까지 버리고 왔는데 모르는 섬에 혼자 버려졌으니 얼마나 슬펐겠어요? 그러나 사실은 디오니소스가 아리아르네의 아름다움에 반해 테세우스에게 그녀를 남겨 두고 떠나도록 한 거예요.

때를 맞춰 낙소스 섬에 나타난 디오니소스는 흐느껴 울고 있는 아리아드네의 곁에 다가가 말했어요.

"아리아드네, 나는 술의 신 디오니소스라 하오. 나의 신부가 되어 주지 않겠소?"

그러자 아리아드네가 눈물 젖은 얼굴로 대답했어요.

"비록 저는 버림받았지만, 여전히 테세우스님을 사랑하고 있답니다."

말을 마친 아리아드네는 다시 울기 시작했어요. 디오니소스는 슬퍼하는 그녀의 모습에 가슴이 아팠어요. 그래서 그녀의 곁을 떠나지 않고 지키며 다정하게 대해 주었지요. 처음에는 테세우스를 잊지 못하던 아리아드네도 점차 디오니소스를 향해 마음을 열게 되었어요.

디오니소스는 아리아드네를 위해 화려한 보석들로 장식된 왕관을 선물로 주었어요. 화려한 보석들로 장식된 왕관을 쓴 아리아드네의 모습은 정말 눈부시게 아름다웠어요.

얼마 뒤 디오니소스와 아리아드네는 성대한 결혼식을 열었어요. 새들이 지저귀고 요정들은 흥겨운 음악을 연주했어요. 신들이 찾아와 디오니소스와 아름다운 신부를 향해 축배를 들었지요. 결혼식은 한밤중까지 계속되었어요. 결혼식 내내 아리아드네의 머리 위에서는 보석이 가득 박힌 왕관이 아름답게 빛나고 있었지요. 아리아드네는 참으로 행복했어요.

디오니소스는 아리아드네와의 사랑을 기억하기 위해, 아리아드네가 쓰고 있던 왕관을 하늘로 던져 별자리로 만들었어요. 북쪽 하늘의 왕관자리는 디오니소스가 아리아드네에게 주는 영원한 사랑의 징표인 것이지요.

여름의 별자리

여름철의 밤하늘에는 은하수가 북쪽에서 남쪽으로 걸쳐 있기 때문에 별들은 머리 위에서 다소 동쪽으로 기울어져 흐르고 있어요. 이것에 따라 여름의 별자리들이 보이지요. 여름철에 보이는 대표적인 별자리는 거문고자리, 독수리자리, 백조자리, 전갈자리 등이에요.

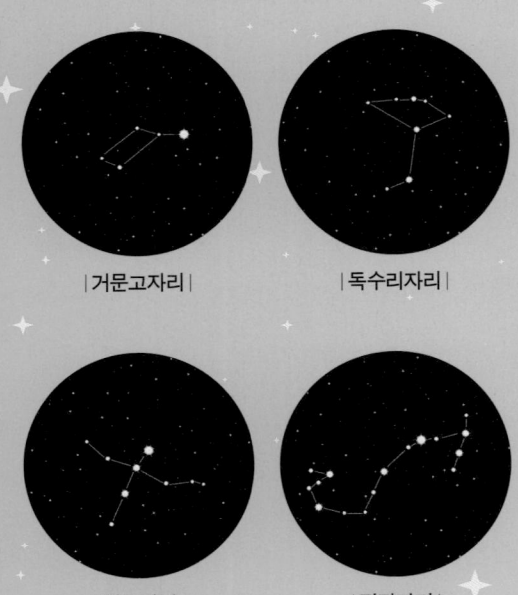

| 거문고자리 |　| 독수리자리 |

| 백조자리 |　| 전갈자리 |

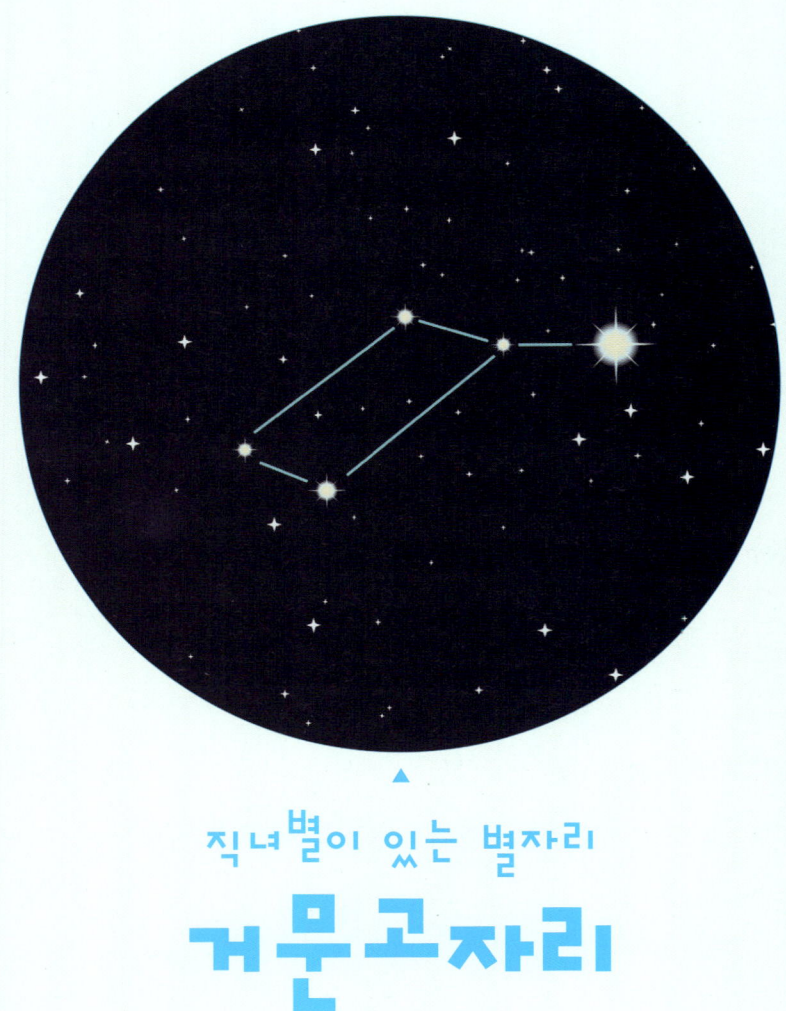

직녀별이 있는 별자리
거문고자리

여름철 밤하늘에서 거문고자리를 볼 수 있어요. 이 별자리는 리라자리라고도 하는데 리라는 고대 그리스의 작은 현악기를 말해요. 이 별자리에서 가장 빛나는 별은 베가별인데 우리나라에서는 직녀별이라고 부르지요. 그리고 고대 이집트에서는 독수리별이라고 불렀어요. 그리스로마 신화의 음악의 천재 오르페우스와 관련된 가슴 아프고 슬픈 이야기를 담고 있어요.

하늘도 감동한 위대한 연인들

　아폴론과 뮤즈라 불리는 음악과 예술의 여신 중 하나인 칼리오페 사이에서 태어난 오르페우스는 뛰어난 음악가였어요. 그의 리라 연주를 들은 사람들은 하나같이 이렇게 말하곤 했지요.
　"아, 정말 아름다운 연주구나. 역시 오르페우스야."
　사람들뿐만 아니라, 동물들도 오르페우스의 리라 연주를 좋아했어요. 오르페우스가 리라를 켤 때면, 모두들 그의 주위에 모여 음악을 감상했어요. 나무는 오르페우스를 향해 가지를 늘어뜨렸고, 단단한 바위는 긴장을 늦추고 잠시 부드러워졌지요.
　리라를 맨 처음 만든 이는 전령의 신 헤르메스였어요. 리라의 선율에 반한 아폴론은 헤르메스가 자신의 소를 훔친 것을 용서할 테니 리라를 달라고 했지요. 그 뒤 아폴론은 아들 오르페우스에게 리라를 선물로 주고, 연주하는 법도 가르쳐 주었어요.

견우와 직녀의 전설

옛날 하늘나라에, 베를 잘 짜는 직녀라는 옥황상제의 딸과 소를 키우는 견우라는 청년이 있었어요. 두 사람은 서로를 한눈에 좋아하게 되었어요. 그래서 옥황상제는 두 사람을 결혼시켜 주었어요. 그런데 사랑에 빠진 두 사람은 일할 생각을 하지 않았어요. 화가 난 옥황상제는 은하수를 사이에 두고 두 사람을 강제로 떼어 놓고 일 년에 한 번만 볼 수 있는 벌을 내렸지요. 그날이 바로 음력 7월 7일, 칠월 칠석날이었어요. 하지만 칠월 칠석이 되어도 은하수가 너무 넓어 서로의 얼굴조차 보기 어려웠어요. 두 사람이 슬퍼하자 그들의 사랑에 감동한 까마귀가 그날만 되면 은하수에 자신들의 몸을 이용하여 오작교라는 다리를 만들어 두 사람이 만날 수 있게 해 주었어요. 그래서 지금도 그날이 되면 두 사람은 기쁨의 눈물을 흘리면서 재회를 하고 있대요.

청년이 된 오르페우스는 아름다운 요정 에우리디케와 사랑에 빠져 결혼을 하게 되었고 결혼식을 성대하게 열었지요. 두 사람의 결혼식에는 뮤즈들을 비롯하여 올림포스의 많은 신들이 참석했지요. 부부가 된 두 사람은 한동안 행복한 나날을 보냈어요. 사랑의 기쁨 때문일까요? 오르페우스의 리라 연주는 예전보다 더욱 아름다워졌어요.

그러던 어느 날이었어요. 아리스타이오스라는 한 양치기가 숲을 거닐던 오르페우스의 아내 에우리디케를 보고 한눈에 반하고 말았어요. 그래서 그는 에우리디케에게 다가가 외쳤지요.

"당신은 정말 아름답군요. 나는 어느새 당신을 사랑하게 되었습니다. 부디 내 마음을 받아 주세요!"

에우리디케는 깜짝 놀랐어요. 처음 보

는 사람이 난데없이 자신을 사랑한다니, 왈칵 겁이 나기도 했지요. 아리스타이오스가 가까이 다가오자, 무서워진 에우리디케는 도망치기 시작했어요. 쫓아오는 아리스타이오스를 피해 정신없이 도망치던 그녀는 그만 풀숲에 있던 독사에게 발을 물리고 말았어요.

▲ 현악기 리라의 모양

뒤늦게 이 사실을 안 오르페우스가 숲으로 달려갔을 때, 에우리디케의 몸은 죽어서 이미 싸늘하게 굳어 있었어요.

"이럴 수가……. 에우리디케!"

오르페우스는 에우리디케의 몸을 흔들며 울부짖었어요. 졸지에 사랑하는 아내를 잃은 그의 슬픔은 이루 말할 수가 없었지요. 그렇게 몇 날 며칠을 눈물로 지새우던 오르페우스는 결심했어요.

"그래, 지하 세계로 가자. 가서 에우리디케를 다시 데려오고 말겠어."

지하 세계에 가기 위해서는 뱃사공 카론의 배를 타고 강을 건너야만 했어요. 오르페우스를 본 카론은 손을 내저으며 단

별들의 색깔은 왜 다를까?

밤하늘의 별들도 모두 다 색깔이 조금씩 달라요. 그 이유는 별마다 온도가 달라서 그 온도 때문에 색깔이 다르게 되는 것이지요. 제일 뜨거운 별은 푸른 색깔을 띠고 두 번째로 뜨거운 별은 하얀 색깔을 띠지요. 그리고 세 번째로는 노란 색깔이에요. 그리고 온도가 제일 낮은 차가운 별은 빨간색이지요.

호하게 말했어요.

"지하 세계는 죽은 자들만 갈 수 있는 곳이오. 살아 있는 사람은 내 배를 탈 수 없소."

"부탁입니다. 제 아내를 만날 수 있게 도와주세요."

오르페우스가 간절히 애원했지만, 카론은 눈도 꿈쩍하지 않았어요. 슬픔에 잠긴 오르페우스는 리라를 꺼내 자신의 안타까운 심정을 노래했어요. 아름답고 애절한 리라 연주에 카론의 매서운 눈매가 점차 풀어지기 시작했어요.

"당신의 리라 연주에 감동받았소. 지하 세계까지 데려다 줄 테니 어서 배에 타시오."

지하 세계로 간 오르페우스는 하데스의 궁전을 지키고 있는 무시무시한 괴물 케르베로스와 마주쳤어요. 케르베로스는 머리가 세 개 달린 아주 무서운 개였지요. 하지만 그런 케르베로스도 오르페우스의 리라 연주 앞에서는 순한 양이 되었어요.

마침내 궁전으로 들어간 오르페우스는 지하 세계의 왕인 하

▲ 온도에 따라 다양한 색깔을 나타내는 별들

데스와 왕비 페르세포네를 만날 수 있었어요.

"제 아내 에우리디케를 찾기 위해 이렇게 왔습니다. 제발 저와 함께 돌아갈 수 있도록 허락해 주십시오."

오르페우스는 간절한 마음을 담아 리라 연주를 시작했어요. 연주가 시작되자 지하 세계의 모든 이들이 자신도 모르게 하던 일을 멈춘 채 오르페우스의 연주를 들었어요. 그 순간만큼은 지하 세계에서 벌을 받고 있던 사람들도 쉴 수 있었어요. 신들을 모욕한 죄로 눈앞에 있는 그 어떤 것도 먹을 수 없게 된 탄탈로스도, 영원히 바위를 밀어 올리는 벌을 받은 시시포스도 끔찍한 고통에서 잠시나마 벗어날 수 있었지요.

"그대의 연주가 내 마음을 움직였다. 에우리디케를 데리고 가도록 해라. 단, 두 사람 모두 지상에 올라갈 때까지 내가 말하는 조건을 지켜야 한다. 첫째, 오르페우스는 아내를 향해 뒤를 돌아보아서는 안 된다. 둘째, 그동안 에우리디케는 단 한마

사람의 눈으로 볼 수 있는 별의 수는?

우주에는 천억 개 이상의 별이 있다고 해요. 그렇지만 지구에서 사람의 눈으로 볼 수 있는 별의 수는 최대 약 6천 개 정도라고 해요. 거기다 하늘은 적도를 중심으로 반만 사람의 눈에 들어오기 때문에 적도 반대편의 별은 볼 수 없지요. 그래서 실제로 망원경을 통해 볼 수 있는 별의 수는 그 절반인 최대 3천 개 정도라고 할 수 있어요.

디도 하지 말아야 한다."

　말을 마친 지옥의 신 하데스는 에우리디케를 불러 오르페우스를 만나게 해 주었어요. 두 사람은 눈물을 글썽이며 감격의 포옹을 나누었어요. 오르페우스는 에우리디케에게 자초지종을 설명한 뒤 함께 궁전을 나왔어요. 지상으로 올라오는 내내, 오르페우스는 불안해서 견딜 수가 없었어요. 그래서 에우리디케가 대답할 수 없다는 것을 알면서도 자꾸만 물었지요.

　"잘 따라오고 있지요?"
　"……."

　얼마나 시간이 흘렀을까요? 저 멀리 햇빛이 보였어요. 지하 세계를 완전히 빠져나온 오르페우스는 안도의 한숨을 내쉬며 뒤를 돌아보았어요. 그런데 이를 어쩌면 좋을까요? 에우리디케는 아직 완전히 빠져나온 것이 아니었어요. 몸의 절반은 아직 지하 세계에 있었지요. 이제 막 지상으로 한쪽 발을 디디는 순

망원경을 발명한 안경점 주인

망원경을 처음 만든 사람은 1608년 네덜란드의 안경점 주인인 한스 리페르세이예요. 한스 리페르세이는 우연한 기회에 돋보기에 돋보기를 대자 사물이 가까이 보이는 원리를 알게 되어 이 원리를 이용하여 망원경을 만들었어요. 하지만 별을 관찰할 수 있는 천체 망원경을 최초로 만든 사람은 이탈리아의 과학자 갈릴레오 갈릴레이예요. 그는 한스 리페르세이가 만든 원리를 이용해 1609년 통이 납으로 된 천체 망원경을 만들었어요.

천체 망원경

천체 망원경은 하늘의 별 등과 같은 천체를 관측할 때 쓰는 망원경을 말해요. 렌즈를 사용해서 만들어진 굴절 망원경과 거울을 사용하는 반사 망원경 그리고 전파를 포착하는 전파 망원경 등이 있어요.

▲ 프랑스의 니스 천문대에 있는 굴절 망원경

간 오르페우스가 뒤를 보고 만 것이에요.

"에우리디케!"

당황한 오르페우스는 에우디리케를 향해 손을 뻗었지만, 그녀는 지하 세계로 끌려가고 말았어요. 오르페우스는 다시 카론을 찾아가 애원했어요. 리라도 연주해 보았지만 소용없는 일이었어요.

"당신의 리라 연주는 정말 뛰어나지만, 예외는 한 번뿐이오."

깊은 절망에 빠진 오르페우스는 결국 혼자 지상으로 돌아올 수밖에 없었어요. 그는 제대로 먹지도 않고, 자지도 않은 채 그저 리라만 연주했어요.

한편, 오르페우스가 아내를 잃고 혼자가 됐다는 이야기를 들은 여인들은 그동안 숨겨왔던 자신의 마음을 고백하기 시작했어요. 하지만 에우리디케를 잊지 못한 오르페우스는 여인들에게 눈길조차 주지 않았어요. 그의 냉정한 태도에 상처받은 여인들은 어느새 점점 그를 미워하기 시작했지요.

"우리를 거들떠보지도 않는 오르페우스에게 복수해 주자."

결국 오르페우스는 여인들에 의해 목숨을 잃고 말았어요. 오르페우스의 음악을 사랑했던 신들은 그가 연주하던 리라를 하늘의 별자리로 만들어 주었어요. 바로 이 리라가 오늘날 우리가 볼 수 있는 거문고자리예요.

북십자성이라는 별명을 가진
백조자리

백조자리는 은하수 한가운데 있는 크고 아름다운 여름철 별자리예요. 그 모양은 날개를 펼친 한 마리의 아름다운 백조의 모습이에요. 고니자리라 부르기도 해요. 백조자리에 있는 다섯 개의 밝은 별이 마치 커다란 십자가처럼 보인다고 해서 북쪽에 있는 십자가라는 뜻의 북십자성이라는 별명을 얻었어요. 백조로 변한 제우스의 이야기가 전해지는 별자리예요.

나는야, 사랑의 마술사

어느 날, 스파르타의 왕인 틴다레오스가 칼리돈의 왕 테스티오스를 찾아왔어요.

"이복형 히포콘이 제 왕위를 욕심내어 그만 저를 쫓아내고 말았습니다. 스파르타로 다시 돌아갈 때까지 잠시 머무르게 해 주십시오."

"그런 사정이 있었다니, 얼마든지 있다 가도 좋소."

테스티오스 왕은 기꺼이 틴다레오스를 받아 주었어요. 그렇게 해서 틴다레오스는 테스티오스 왕의 궁전에서 몸을 피하게 되었어요. 그런데 칼리돈의 왕 테스티오스에게는 예쁜 딸이 있었어요. 그녀의 이름은 레다였지요. 스파르타의 왕 틴타레오스는 그만 레다와 사랑에 빠지고 말았어요. 스파르타로 다시 왕위를 되찾기 위해 떠나기 전, 틴다레오스는 레다에게 청

▲ 백조자리에 있는 펠리컨을 닮은 펠리컨 성운

혼을 했어요.

"레다, 나는 곧 스파르타로 떠나야 합니다. 나의 아내가 되어 함께 떠나지 않겠습니까?"

"좋아요, 틴다레오스."

레다는 틴다레오스의 청혼을 기쁘게 받아들였어요. 두 사람은 곧 결혼식을 올렸어요. 그리고 틴다레오스는 영웅 헤라클레스의 도움으로 빼앗긴 왕위를 되찾고 다시 스파르타의 왕이 될 수 있었어요. 틴다레오스의 아내인 레다 역시 자연스럽게 스파르타의 왕비가 되었지요.

햇살이 따사롭게 비치던 어느 오후였어요. 레다는 에우로타스 강에서 한가롭게 목욕을 하고 있었어요. 그런데 마침 그곳을 지나가던 제우스가 우연히 그 광경을 보게 되었어요.

"저 아름다운 여인은 도대체 누구지?"

레다의 모습에 제우스는 그만 마음을 빼앗기고 말았어요. 올림포스로 돌아온 제우스는 그녀가 스파르타의 왕비인 레다라는 사실을 알게 되었어요. 그날 이후로 제우스의 머릿속은 레다 생각으로 가득 차 있었어요. 레다의 하얀 피부와 고운 머릿결이 눈앞에서 어른거렸지요. 하지만 이 사실을 제우스의

세상에서 제일 큰 망원경

우리나라에서 제일 큰 천체 망원경은 경북 영천의 보현산 천문대에 있어요. 이 천체 망원경은 지름이 1.8m나 된다고 해요. 세계에서 제일 큰 망원경은 스페인 영토인 카나리아 제도의 라팔마 섬에 있는 그랑 텔레스코피오 카나리아스로 지름이 무려 10.4m라고 해요. 한편 미국 애리조나 주의 그레이엄 산에는 거대 쌍안 망원경이 있는데 지름이 8.4m인 렌즈를 두 개 사용해요. 그러니 지름만 따진다면 거대 쌍안 망원경이 가장 큰 셈이지요. 그리고 세계에서 제일 높은 곳에 있는 망원경은 허블 우주 망원경이라고 해요. 땅으로부터 600km의 우주 공간에 떠서 별을 관측하고 있어요.

아내이자 올림포스 최고의 여신인 헤라가 알게 된다면 레다에게 분명 해코지를 할 게 뻔했어요. 제우스는 아내 헤라 몰래 레다에게 접근할 수 있는 방법을 곰곰이 생각해 보았지요.

'어떻게 헤라의 눈을 피한담!'

고민하던 제우스는 레다가 호숫가로 자주 놀러가 그곳의 백조들과 어울린다는 것을 알아냈어요. 그 순간, 제우스에게 좋은 생각 하나가 떠올랐어요.

그날도 레다가 여느 때와 마찬가지로 호숫가로 산책을 떠나자, 그녀를 지켜보고 있던 제우스는 눈처럼 새하얀 백조로 변신해 호숫가에서 레다를 기다렸지요.

얼마 후, 레다가 호숫가에 모습을 드러냈어요.

"백조들아, 잘 있었니?"

아무것도 모르는 레다는 백조들을 향해 팔을 뻗었어요. 그때 백조의 모습을 한 제우스가 재빨리 레다의 품에 안겼어요.

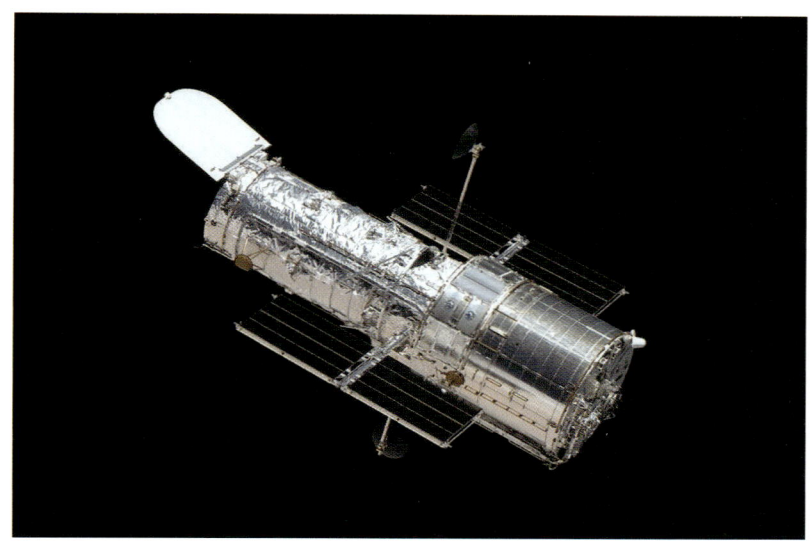

▲ 허블 우주 망원경

눈처럼 새하얀 백조는 레다의 관심을 끌기에 충분했지요.

"너는 처음 보는 백조구나. 어디서 왔니?"

이 백조가 올림포스 최고의 신 제우스라는 사실을 알 리 없는 레다는 백조의 목을 끌어안고 부드러운 깃털을 가만히 쓰다듬어 주었어요. 제우스는 그 순간을 놓치지 않고 원래의 모습으로 돌아와 말했어요.

"나는 올림포스의 주인인 제우스 신이다. 그대의 아름다움에 반해 이곳까지 오게 되었소."

그제야 백조의 정체를 알게 된 레다는 화들짝 놀라고 말았

최초로 별의 거리를 잰 사람은 누굴까?

최초로 지구와 별 사이의 거리를 재는 데 성공한 사람은 독일의 천문학자 프리드리히 베셀이에요. 그는 처음으로 별의 연주 시차를 측정하여 태양을 뺀 다른 별까지의 거리를 정확하게 계산해 내었어요. 그 별이 바로 백조자리 61번 별이에요. 또한 베셀은 연주 시차로 지구가 공전한다는 것을 과학적으로 증명했지요.

▲ 프리드리히 베셀

지요. 하지만 신들의 왕인 제우스를 어찌할 수는 없었어요. 그때부터 제우스는 레다를 만나러 갈 때면 항상 백조로 변하곤 했어요. 매서운 눈초리로 제우스를 감시하고 있는 헤라조차 그가 백조의 모습으로 변신하여 올림포스를 빠져나간다는 사실을 미처 눈치채지 못했어요. 그렇게 시간이 흐르고, 레다는 제우스의 아이를 가지게 되었어요.

그런데 이게 웬일일까요? 레다가 낳은 것은 사람이 아닌 두 개의 새하얀 알이었어요.

'이럴 수가, 사람이 아닌 알을 낳다니.'

그녀는 당황스러웠지만 알을 정성껏 보살폈어요. 얼마 후 알에서 네 명의 아이들이 태어났어요. 한 알에서는 두 아들 카스트로와 폴룩스가 태어났고, 다른 알에서는 두 딸 헬레네와 클리타임네스트라가 태어났어요. 특히 헬레네는 훗날 그녀의 이름을 모르는 사람이 아무도 없을 정도로 아름다운 여인으로 자라났어요. 그러나 그녀의 미모는 트로이 전쟁의 씨앗이 되고 말지요.

    레다와의 사랑을 기념하기 위해서였을까요? 제우스는 백조로 변신한 자신의 모습을 하늘의 별로 만들었어요. 눈부시도록 새하얗던 백조는 그렇게 하늘의 별이 되었지요. 우리가 여름철 동쪽 밤하늘에서 볼 수 있는 백조자리는 바로 제우스가 변신한 모습이랍니다.

두 개의 별자리가 어우러진
뱀자리와 뱀주인^{땅꾼}자리

뱀자리와 뱀주인자리는 두 개의 별자리가 하나로 어우러져 있어요. 그중에 3개의 별이 삼각형을 이루며 뱀 머리 모양을 이루는 것이 뱀자리예요. 그리고 뱀주인자리는 뱀 머리인 삼각형 별을 시작으로 가로로 길게 펼쳐진 뱀자리를 잡고 있는 모양을 하고 있어요. 땅꾼자리라고도 부르지요. 조선 시대 다리 밑에서 살던 사람을 땅꾼이라 불렀는데 이들이 뱀을 잡아 생계를 이어 가면서 뱀 잡는 사람을 가리켜 땅꾼이라 부르게 되었어요. 이들 별자리는 그리스로마 신화에서 아폴론 이야기와 관련이 있어요.

죽은 사람을 살려 낸 의술의 신

아폴론과 코로니스 공주는 첫눈에 사랑에 빠졌어요. 그래서 둘은 깊이 사랑하는 사이가 되었어요. 하지만 코로니스 공주는 아르카디아의 왕자인 이스키스와 결혼을 약속한 사이였어요. 하지만 코로니스는 아폴론에 대한 사랑을 막을 길이 없었어요.

아폴론은 신들 중에서도 매우 잘생긴 신일 뿐 아니라 악기 다루는 실력 또한 매우 뛰어나 그의 연주를 듣는 사람은 사랑에 빠질 수밖에 없었지요. 사랑에 빠진 아폴론과 코로니스는 즐거운 시간을 보냈어요. 하지만 그녀의 결혼식 날짜는 점점 다가왔어요. 그러던 와중에 그녀는 아폴론의 아이를 가졌다는 사실을 알게 되었어요. 코로니스는 고민에 빠졌어요.

'지금은 아폴론 신이 나를 사랑하지만, 언제 마음이 바뀔지

별과의 거리를 재는 연주 시차

연주 시차를 구하면 별과의 거리를 잴 수 있어요. 연주 시차란 지구가 태양을 중심으로 공전 운동을 함에 따라 별을 바라보았을 때 생기는 시차를 일컫는데 시차란 관측자가 서로 다른 위치에서 한 물체를 보았을 때 생기는 방향의 차이에 따라 생기는 각을 말해요. 그래서 연주 시차는 지구 공전의 결정적 증거이지요.

몰라.'

코로니스는 아폴론의 사랑이 불안했어요. 늙고 병들면 곧 죽게 되는 자신과 영원한 삶을 사는 신인 아폴론은 함께할 수 없다고 생각했지요. 그래서 그녀는 자신과 같은 인간인 이스키스를 선택하기로 마음먹었어요. 결국 코로니스는 아폴론의 아이를 임신한 채 이스키스와 결혼식을 올렸어요.

그런데 마침 아폴론의 하얀 까마귀가 두 사람의 결혼식 장면을 보게 되었어요. 까마귀는 당장 올림포스에 있는 아폴론에게 날아갔어요.

"아폴론님, 코로니스 공주가 다른 남자와 결혼식을 올렸어요! 제가 방금 두 눈으로 똑똑하게 보고 오는 길이랍니다."

"뭐, 코로니스가 결혼을 해?"

아폴론은 화가 머리끝까지 치솟았어요. 얼마나 화가 났던지, 이글이글 타오르는 뜨거운 열기에 까마귀의 털이 모두 새까맣게 타버리고 말았어요. 오늘날 까마귀가 까만 것은 바로

▲ 다양한 크기와 색깔의 태양계 행성과 지구의 위성 달의 모습

이 때문이랍니다.

아폴론은 당장 지상으로 내려가 코로니스에게 화살을 쏘았어요. 코로니스는 그 자리에서 숨을 거두었지요.

그는 코로니스의 배에서 자신의 아이를 꺼내 켄타우로스족의 케이론에게 맡겼어요. 이 아이가 의술의 신인 아스클레피오스예요. 뱀을 쥐고 있는 뱀주인자리의 주인공이지요.

아스클레피오스는 케이론에게 의술과 약초 다루는 법 등을 배워 뛰어난 의술을 지니게 되었어요.

"아스클레피오스님 덕분에 병이 나았지 뭐야?"

아스클레피오스 덕분에 많은 사람들이 병을 치료할 수 있었

91
뱀자리와 뱀주인(땅꾼)자리

▲ 뱀자리와 뱀주인자리 가상도

어요. 하지만 이미 죽은 사람은 아스클레피오스의 의술로도 어찌할 수 없었지요.

'어떻게 해야 죽은 사람들을 다시 살릴 수 있을까?'

아스클레피오스는 죽은 사람들의 생명을 되찾아 주는 방법을 연구하기 시작했어요. 그러던 어느 날이었어요. 길을 걷던 아스클레피오스는 발밑에 뱀 한 마리가 기어 다니는 것을 발견했어요. 그는 자칫해서 물리기라도 할까봐 얼른 막대기로 뱀을 때려 죽였어요. 그런데 잠시 후 다른 뱀이 약초를 물고 오더니, 죽은 뱀을 살리는 것이 아니겠어요? 아스클레피오스는 깜짝 놀랐어요.

"이럴 수가! 저 약초를 연구해 보자. 죽은 사람을 살릴 수 있는 비밀은 아마 저기에 있을 거야."

약초 연구에 몰두한 아스클레피오스는 마침내 죽은 사람을 살릴 수 있게 되었어요. 많은 사람들이 아스클레피오스 덕분에 다시 살아날 수 있었지요.

그런데 아스클레피오스의 의술을 못마땅하게 생각하는 이

가 있었어요. 바로 지하 세계의 왕 하데스였어요. 아스클레피오스가 죽은 사람도 살리는 바람에, 지하 세계에 있어야 할 사람들이 자꾸 지상으로 가게 된 것이에요. 하데스는 결국 제우스를 찾아가 부탁했어요.

"아스클레피오스 때문에 지하 세계의 질서가 무너지고 있네. 그가 더 이상 사람들을 살리지 않게 해 주게."

하데스의 말을 들은 제우스는 아스클레피오스를 불러 말했어요.

"죽음은 인간이 벗어날 수 없는 한계다. 그러니 죽은 사람들을 살리는 일을 그만두도록 해라."

그러자 아스클레피오스가 대답했어요.

"제우스 신이시여. 제가 의술을 배운 것은 생명을 구하기 위해서입니다. 저는 제 신념과 사명을 포기할 수 없습니다."

아스클레피오스의 단호한 의지에 제우스는 그가 절대 마음을 바꾸지 않을 것이라는 사실을 깨달았어요. 결국 그는 번개를 내려 아스클레피오스를 죽이고 말았지요.

아들의 죽음을 알게 된 아폴론은 슬픈 마음을 이기지 못하고 제우스에게 애원했어요.

▲ 우리 은하계와 안드로메다은하계의 이웃에 있고 푸른색 별과 붉은색 별이 고르게 섞여 지구에서 관측하기 좋은 삼각형자리 은하계

"아스클레피오스를 살릴 수 없다면 그를 하늘의 별로 만들어 주소서."

사실 제우스 역시 마음이 좋지 않았어요. 아폴론은 제우스의 아들이고, 아스클레피오스는 그에게 손자였으니까요. 하지만 이 세상의 질서를 위해서는 아스클레피오스를 죽일 수밖에 없었지요. 제우스는 아폴론의 간곡한 부탁을 듣고 아스클레피오스를 하늘의 별자리로 올려 주었어요. 하늘로 올라간 아스클레피오스는 자신에게 사람을 살릴 수 있는 방법을 알려 주고 별자리가 된 뱀과 함께 있게 되었어요. 뱀자리인 뱀을 잡고 있는 뱀주인자리의 주인공이 바로 아스클레피오스예요.

별의 밝기 등급은 어떻게 정할까?

최초로 별의 밝기 등급을 정한 사람은 고대 그리스의 과학자인 히파르코스예요. 히파르코스는 밤하늘의 별을 맨눈으로 관찰하여 그 밝기를 1등급에서 6등급까지 나누었어요. 그리고 9세기 독일의 천문학자 포그슨이 이것을 기준으로 표준화해 별의 밝기 등급을 정했어요. 이때는 1등급보다 밝은 별도 많이 발견되었어요. 그래서 포그슨은 가장 밝은 별이 1등성, 가장 희미한 별은 6등성으로 정하고는 1등성보다 더 밝은 별에는 마이너스(-)를 붙여서 별의 밝기를 나타내었어요. 그리고 이 등급은 실지 거리를 무시하고 사람 눈에 보이는 밝기에 따라 정한 것이기 때문에 겉보기 등급이라고 하지요. 그리고 모든 별이 같은 거리에 있다고 가정하여 실제 밝기에 따라 정하는 등급을 절대 등급이라고 해요.

해님과 달님이 된 오누이
전갈자리

전갈자리는 여름철 남쪽 하늘에서 볼 수 있는 별자리예요. 황도 12궁 중 하나이며, 아주 밝은 별들이 촘촘하게 전갈 모양을 이루고 있어요. 별들이 촘촘하게 별자리를 이루고 있는 것은 전갈자리가 별들의 집합체인 은하수 중심 부근에 있기 때문이에요. 그리스로마 신화에서 전갈자리는 오리온 이야기와 관련이 있고, 우리 전래 동화에서는 '해님과 달님이 된 오누이' 이야기와 관련이 있어요.

못 다 이룬 사랑의 주인공

물리기만 해도 바로 그 자리에서 죽는 무서운 독을 가진 전갈이 오리온을 쫓고 있었어요. 오리온은 덩치가 좋은 사냥꾼이지만, 독을 가진 전갈이 너무나 무서운 나머지 도망을 치고 있었어요.

오리온은 바다의 신 포세이돈의 아들로 아버지를 닮아 덩치가 크고 힘도 셌어요. 게다가 포세이돈의 아들임을 보여 주듯이 바다 위를 걷는 재주도 있었어요. 그의 어머니는 아마존의 여왕이었는데 잘생기고 용감하며 사냥을 잘 하는 건 어머니를 닮았지요. 그런 완벽한 오리온에게도 단점은 있었는데 그것은 자기 자랑이 심하다는 것이었어요.

"이 세상에서 나보다 강한 자가 있으면 나와! 내가 단번에 해

해님과 달님이 된 오누이

전갈자리는 우리나라 전래 동화 '해님과 달님이 된 오누이' 이야기와 관계가 있어요. 옛날 어느 깊은 산골에 오누이와 어머니가 살고 있었어요. 그러던 어느 날, 일 나간 어머니가 호랑이에게 잡아먹혀 버렸어요. 이 호랑이는 오누이도 잡아먹으려고 집을 찾아와 엄마 흉내를 내었어요. 이 사실을 모르는 오누이는 그만 문을 열어 주었고 호랑이는 오누이를 잡아먹으려고 했지요. 놀란 두 사람은 나무로 올라가 피했지만 여동생은 그만 호랑이에게 나무에 올라오는 방법을 알려 주고 말았어요. 다급해진 두 사람이 하늘에 빌자, 동아줄이 내려왔고 오누이는 동아줄을 타고 하늘로 올라갔어요. 호랑이에게도 동아줄이 내려왔지만 썩은 동아줄이라 그만 떨어져 죽고 말았어요. 하늘로 올라간 오누이는 해님과 달님이 되었는데 밤을 무서워한 여동생은 해님이 되었고 오빠는 달님이 되었어요.

치우고 말 테니까!"

오리온의 잘난 척은 사람들의 질투를 사기에 충분했어요. 사람들은 오리온 뒤에서 수군거렸지요.

"오리온은 다 좋은데 너무 잘난 척을 많이 한다니까?"

"그러게, 조금만 겸손하면 어디가 덧나나!"

그러던 어느 날이었어요. 오리온은 키오스 섬의 왕에게 속아 그만 시력을 잃게 되었지요. 장님이 된 오리온은 이리저리 헤매다 신전에 가서 신들에게 빌었어요.

"위대한 신이시여, 제가 다시 세상을 볼 수 있게 해 주세요."

그러자 신의 목소리가 들려왔어요.

"태양의 신 아폴론을 찾아가 보아라."

오리온은 다시 세상을 볼 수 있다는 희

망을 안고 힘들게 아폴론을 찾아갔어요.

"오, 아폴론이시여! 저를 불쌍히 여기시어 제 눈을 낫게 하소서."

아폴론은 그의 정성을 높이 사서 그의 눈을 고쳐 주었어요.

"오리온, 오느라 고생했을 테니 며칠 쉬었다 가도록 하게."

오리온은 아폴론이 내어 준 좋은 음식을 먹고 편한 잠을 자면서 몸과 마음을 건강하게 회복해 갔어요. 그때 오리온을 옆에서 챙겨 준 사람이 있었는데 바로 아폴론의 쌍둥이 누이인 달의 여신 아르테미스였지요. 사실 오리온은 아르테미스를 처음 본 순간부터 그녀가 몹시 마음에 들었어요. 게다가 자신을 열심히 보살펴 주니 사랑에 빠지지 않을 수 없었지요. 아르테미스 역시 오리온을 좋아했어요.

오리온자리

오리온자리는 겨울철에 주로 볼 수 있는 별자리로, 약 60여 개의 별들이 한데 모여 이루어져 있지요. 그리스로마 신화에 나오는 사냥꾼 오리온은 달과 사냥의 여신 아르테미스의 연인이었어요. 이를 못마땅하게 여기던 아폴론은 아르테미스에게 오리온을 동물이라 속여 그녀가 화살을 쏘아 죽이도록 했어요. 뒤늦게 사실을 알게 된 아르테미스는 눈물을 흘리며 오리온을 하늘의 별자리로 만들어 주었어요. 아르테미스의 사랑 때문일까요? 오리온자리는 1등성과 그 옆에 늘어선 세 개의 별이 몹시 밝고 화려해서 매우 찾기 쉬운 별자리예요.

> ### 별들의 고향, 성운과 성단
>
> 성운이란 한자로 별구름이라는 뜻이 있고 별들이 태어나는 가스 구름을 말해요. 그리고 가스 구름에서 태어난 별들이 비슷한 성질끼리 함께 모여 있는 것을 별들의 모임이란 뜻에서 성단이라고 해요. 별들은 태양처럼 혼자 태어나기도 하지만 많은 별들이 특정한 장소에서 비슷한 시기에 태어나는 경우도 있어요. 태양계가 속해 있는 우리 은하에는 천억 개 이상의 별들이 존재하는데 이 별들 역시 우리와 같이 태어나서 자라고 죽는 과정을 겪어요. 그 수명은 수억 년에서 수백억 년에 이르지요. 사람은 길어야 그 수명이 고작 백 년인데 말이에요.

두 사람은 사냥을 하며 하루 종일 같이 보냈어요. 아르테미스는 사냥의 여신이기도 했는데, 그러다 보니 활쏘기와 사냥을 무척 좋아했지요. 그녀는 잘생기고 사냥 실력도 뛰어난 오리온을 더욱 깊이 사랑하게 되었어요. 어느 날 오리온은 아르테미스에게 청혼을 했어요.

"아름다운 아르테미스! 나는 그대와 결혼하고 싶소."

오리온의 청혼에 아르테미스는 당황했어요. 사실 그녀는 그 어떤 남자와도 결혼하지 않겠다고 맹세를 했기 때문이에요. 하지만 오리온에게 푹 빠진 아르테미스는 그의 청혼을 받아들이기로 했어요. 이 소식을 들은 아폴론은 마음이 몹시 상했어요. 비록 자신이 오리온을 구해 주기는 했지만, 그의 잘난 척은 아폴론의 심기를 너무나 불편하게 했거든요. 시력을 다시 되찾은 오리온은 아폴론에게 감사 인사를 하기는커녕 어느새 자기 자랑만 늘어놓는 옛날 모습

▲ 페르세우스자리에 있는 두 개의 산개 성단

▲ 사람 눈으로도 볼 수 있는 오리온 대성운

으로 돌아가 있었어요.

"아, 다시 볼 수 있으니 이 얼마나 좋은지 모르겠군! 이제 다시 사냥을 할 수 있겠어! 제가 얼마나 훌륭한 사냥꾼인지 아시죠? 세상 동물들 중에 제가 못 잡는 것은 없어요!"

그렇지 않아도 마음이 상해 있는데 거기에 오리온이 또 잘난 척을 하니 아폴론이 오리온을 좋아할 리가 없었지요.

'저런 녀석한테 내 동생을 줄 수 없어!'

아폴론은 아르테미스를 불러 여러 번 타일렀어요.

"아르테미스, 다시 생각해 보면 안 되겠니? 게다가 너는 아버지 앞에서 평생 결혼하지 않겠다고 맹세까지 했잖아. 아버지와의 맹세를 어길 참이야?"

"미안해, 아폴론. 비록 맹세는 했지만 나는 오리온을 무척이나 사랑해. 절대 그와 헤어질 수 없어."

아르테미스는 마음을 바꾸지 않았어요. 결국 아폴론은 무시무시한 독을 지닌 전갈을 불러 오리온의 발뒤꿈치를 확 물어 버리도록 명령했어요. 뛰어난 사냥꾼인 오리온도 전갈 앞에서는 도망치기 바빴어요. 전갈은 자신을 피해 도망가는 오리온을 계속 쫓아다녔어요. 그런데 오리온이 길쭉길쭉한 다리로 워낙 잘 달리는 바람에 좀처럼 오리온을 물 수 없었지요.

결국 아폴론은 다른 계획을 세워야 했어요. 그날도 오리온은 전갈을 피해 바다 위를 열심히 달리고 있었어요. 그때 아폴론이 아르테미스를 불러 수평선을 가리키며 말했어요.

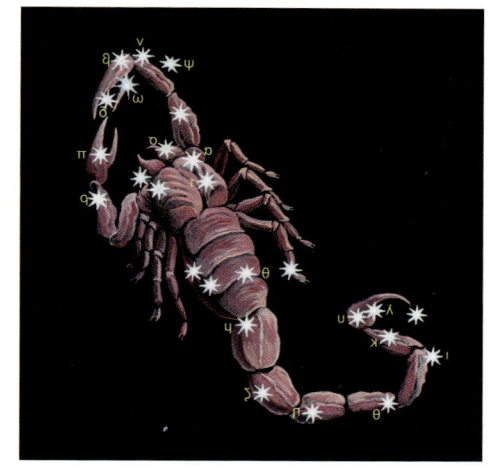
▲ 전갈자리 가상도

"저기 멀리 있는 검은 것이 보이냐? 네가 아무리 활 솜씨가 뛰어나다 해도 저렇게 멀리 있는 것은 맞출 수 없겠지."

"내가 저 정도도 못 맞출 줄 알고? 가만히 잘 보라고!"

아르테미스는 자신만만하게 화살을 쏘았어요. 그것이 오리온이라는 것도 모르고 말이에요. 아르테미스는 죽은 오리온을 끌어안고 슬피 울었어요. 숨을 거둔 오리온은 곧 하늘의 별자리가 되었고, 전갈도 오리온을 따라 별자리가 되었어요. 별이 된 전갈은 죽어서도 오리온을 꽉 물고 싶었나 봐요. 그래서 오리온은 별이 된 후에도 전갈을 피해 다니고 있지요. 오리온자리는 꼭 전갈자리가 사라지고 난 뒤에 나타나요.

남쪽 하늘에 있는 국자 모양
궁수자리

궁수자리는 전갈자리 다음에 오는 별자리로 황도 12궁에 속해 있어요. 궁수란 활 쏘는 사람을 말해요. 궁수자리는 은하수 중심에 자리하며 우리나라에서는 남두육성이라고 불러요. 그 이유는 북두칠성을 닮은 데서 연유했어요. 북두칠성이 북쪽 하늘에 있는 국자 모양을 닮은 일곱 개의 별이라면 남두육성은 남쪽 하늘에 있는 국자 모양을 닮은 여섯 개의 별이라는 뜻이지요. 그리스로마 신화에서 헤라클레스에게 죽음을 당한 케이론의 이야기를 담고 있어요.

영웅 헤라클레스의 실수

 헤라클레스가 자신에게 주어진 열두 가지 과업 중 네 번째 임무를 위해 에리만토스 산에 있는 거대한 멧돼지를 물리치러 갔을 때의 일이에요. 에리만토스 산으로 가기 위해서는 폴로에라는 산을 넘어야 했어요. 폴로에 산을 지나던 헤라클레스는 폴로스라는 이름의 켄타우로스족을 만나게 되었어요. 켄타우로스족은 허리 위는 인간이고, 허리 아래는 말의 몸을 지니고 있어요. 그들은 성격이 무뚝뚝하고 몹시 난폭해서 낯선 사람에게 친절하게 대하는 일은 결코 없었지요. 하지만 폴로스는 매우 달랐어요.

 "에리만토스 산의 멧돼지를 물리친다고요? 그것 참 힘든 일일 텐데……. 일단 오늘 밤은 우리 집에서 쉬어 가도록 하세요."

 폴로스는 헤라클레스를 데리고 자신이 살고 있는 동굴로 갔

용들의 강, 은하수

별들이 빽빽하게 모여 있는 굵고 긴 띠를 은하수라고 하지요. 다른 말로는 미리내라고도 불러요. 미리내는 미르와 내가 합쳐진 말이에요. 미르는 순우리말로 용이라는 뜻이고 내는 강이나 개울을 뜻하지요. 동양에서는 용을 상상 속의 신비한 동물로 여겼어요. 그래서 우리 조상들은 별들이 모여 있는 은하수를 보고 그곳에는 신비한 동물, 용이 살 것이라는 상상을 한 것이지요. 그래서 은하수를 용이 사는 강이라고 미리내라고 불렀어요. 하지만 서양에서는 은하수를 밀키웨이milky way라고 불렀어요. 우유를 뿌려 놓은 길이라는 뜻이지요.

어요. 헤라클레스를 위해 잠자리를 마련해 주고, 맛있는 음식도 주었지요. 음식을 먹던 헤라클레스는 갑자기 술이 아주 마시고 싶어졌어요.

"푸짐한 음식에 따뜻한 잠자리가 있으니, 여기에 술만 있으면 더 바랄 것이 없겠소."

헤라클레스의 말에 폴로스가 동굴 안을 둘러보면서 난처한 표정으로 말했어요.

"술은 저쪽에 가득 있지만 술병을 열면 동료들이 냄새를 맡고 몰려올 거예요. 켄타우로스족은 술을 무척이나 좋아하니까요. 하지만 술을 마시면 가뜩이나 사나운 성격이 더 난폭해지고 말지요."

헤라클레스는 그런 것쯤 아무렇지 않다는 듯 어깨를 으쓱해 보이며 말했어요.

"난 전혀 두렵지 않으니 술을 주시오. 켄타우로스족이 몰려와서 난폭하게 굴면 내가 당신을 지켜 주도록 하지."

▲ 태양계가 속해 있는 우리 은하계를 옆에서 본 모습

폴로스는 할 수 없이 커다란 술병을 열고 헤라클레스에게 술을 가득 따라 주었어요. 그러자 술 냄새를 맡은 켄타우로스족이 정말 동굴로 달려왔어요. 모두들 손에 커다란 몽둥이를 하나씩 들고 말이에요.

"뭐야, 폴로스! 술이 있으면 당연히 우리에게 줘야지, 인간에게 먼저 술을 주는 법이 어디 있어!"

켄타우로스족들이 시끄럽게 떠들든 말든, 헤라클레스는 계속 술을 마셨어요. 그러자 약이 오른 켄타우로스족은 술 마시는 헤라클레스를 방해하기 시작했어요. 그러자 헤라클레스는 화가 잔뜩 났어요.

"이봐, 술은 내가 달라고 했으니 불만이 있으면 나에게 덤벼

끼리끼리, 산개 성단과 구상 성단

별들의 모임인 성단은 형태에 따라 산개 성단과 구상 성단으로 구분해요. 산개 성단은 수백 개에서 수천 개의 비교적 젊은 별들이 느슨한 구조로 모여 있는 것을 말해요. 그리고 구상 성단은 수만 개에서 수백 만 개의 늙은 별들이 공 모양으로 빽빽하게 모여 있는 것을 말해요. 사람으로 비교하자면 산개 성단은 청소년들이 모여 있는 청소년 센터, 구상 성단은 어르신들이 모여 있는 경로당에 비유할 수 있지요.

보라고!"

화가 난 헤라클레스는 활을 챙겨 들고 켄타우로스족 앞으로 다가갔어요. 헤라클레스에게서 심상치 않은 기운을 느낀 켄타우로스족은 섣불리 그를 공격하지 못했지요. 결국 슬금슬금 뒷걸음만 치더니, 헤라클레스가 화살을 쏘려 하자 재빨리 다른 동굴로 도망쳐 버렸어요. 헤라클레스는 켄타우로스족이 들어간 동굴로 달려가 화살을 쏘기 시작했어요.

"도망쳐도 소용없다! 너희는 독 안에 든 쥐다!"

그런데 그 동굴은 헤라클레스의 오랜 친구이자 스승인 켄타우로스족 케이론이 사는 곳이었어요. 그리고 불행하게도 그만 헤라클레스가 쏜 화살은 케이론을 정확히 맞추고 말았지요. 이 사실을 안 헤라클레스는 깜짝 놀라고 말았어요.

"케이론, 괜찮소?"

케이론은 얼굴이 새파랗게 질려 동굴 바닥에 쓰러져 있었어

▲ 밝게 빛나는 별들이 흩어져 있는 젊은 별들의 모임 산개 성단

▲ 늙은 별들이 촘촘히 모여 있는 구상 성단

▲ 궁수자리 가상도

요. 헤라클레스는 재빨리 케이론의 몸에서 화살을 뽑아냈지만 헛수고였어요. 그 화살은 괴물 바다뱀 히드라의 독을 바른 것이었거든요. 뛰어난 의사였던 케이론은 의술의 신 아스클레피오스를 가르치기도 했어요. 하지만 그런 케이론조차 히드라의 독은 어떻게 할 수 없었어요.

독은 점점 케이론의 온 몸으로 퍼져 갔어요. 결국 그는 고통에 몸부림치며 외쳤어요.

"신이시여! 제발 저를 이대로 죽게 해 주십시오!"

그 기도를 들어준 것일까요? 케이론은 곧 숨을 거두고 말았어요. 제우스는 그의 죽음을 무척 슬퍼했어요. 그는 선량하고 정의를 존중하는 온화한 성격이었고, 의술과 예언, 음악, 사냥 등에 모두 뛰어난 지혜로운 이였어요. 헤라클레스와 아스클레피오스, 이아손, 아킬레우스, 악타이온 등 그리스로마 신화의 수많은 영웅들이 그의 가르침을 받았어요.

"케이론을 하늘의 별자리로 만들어 영원히 잊지 않도록 하자."

제우스는 케이론의 위대한 업적을 기리기 위해 하늘로 올려 별자리로 만들어 주었어요. 그런데 북쪽 하늘에는 이미 많은 별자리가 있어 케이론이 올라갈 공간이 없었어요. 결국 제우스는 어쩔 수 없이 잘 보이지 않는 남쪽 하늘에 케이론을 올려 주었지요.

하늘로 올라간 케이론은 궁수자리가 되었어요. 궁수자리가 된 케이론은 훗날 그의 제자인 이아손이 쌍둥이 형제와 헤라클레스 등과 함께 아르고호를 타고 콜키스로 황금 양의 가죽을 찾아 떠날 때 도움을 주었다고 해요. 제자들이 자칫하면 바다에서 길을 잃고 이리저리 헤맬까 봐 별을 뿌려 길을 안내한 것이지요.

가을의 별자리

가을 밤하늘은 여름에 비해서 밝은 별들이 많지 않아요. 그래서 가을이라는 계절과 어울려 쓸쓸한 느낌을 더욱 깊게 만들지요. 가을철에 보이는 대표적인 별자리는 페가수스자리, 물병자리, 양자리, 카시오페이아자리 등이에요.

|카시오페이아자리| |페가수스자리|

|물병자리| |양자리|

밤하늘의 넓은 면적을 차지하는
물병자리

물병자리는 가을철 남쪽 하늘에서 보이는 별자리예요. 차지하는 면적은 넓으나 눈에 띄게 밝은 별은 없어요. 물병자리는 물병을 든 청년이 물을 따르고 있는 모습을 하고 있어요. 옛날 이집트에서는 물병자리를 물의 상징으로 여기며 중요하게 생각했어요. 청년이 물을 길어 나일 강에 쏟아 부어 주면 나일 강의 물이 풍족해 농사가 풍년이 된다고 믿었기 때문이에요. 그리스로마 신화에서 물병을 든 사람은 가니메데스라는 청년으로 그의 모습을 별자리로 만들었다고 해요.

신들의 음료를 따르는 왕자

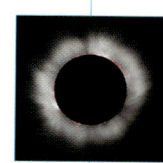

신들의 왕 제우스와 부인 헤라 사이에서 태어난 청춘의 여신 헤베는 무척 아름답고 사랑스러운 여인이었어요. 제우스는 헤베를 가까이에 두고, 올림포스 산에서 영생과 젊음을 주는 음료인 넥타르를 신들에게 따라 주는 일을 시켰지요. 넥타르는 신들이 마시는 신비한 술로 향기가 좋아 향수로도 사용되었어요. 신들은 이 넥타르를 마시고 암브로시아라는 음식을 먹어서 영원히 죽지 않고 사는 것이라고 해요.

어느 날 제우스는 올림포스 궁전에서 성대한 잔치를 열었어요. 헤베는 즐거운 마음으로 신들의 술잔에 넥타르를 따랐어요. 그런데 그만 발을 헛디디는 바람에 미끄러져 넘어지고 말았어요. 발목을 심하게 다친 헤베는 더 이상 신들에게 술을 따를 수 없게 되었지요. 제우스는 걱정이 되었어요.

"앞으로 누가 넥타르를 따라야 하지?"

이때 전령의 신 헤르메스가 제우스 곁에 다가와 말했어요.

"인간들 가운데서 찾아보는 게 좋을 것 같습니다."

제우스도 헤르메스의 의견에 동의하고 독수리 한 마리를 인간 세상으로 보냈어요. 올림포스 산에서 날아온 독수리는 여러 지방을 두루 돌아다니다가 트로이의 이데 산에 내려 앉아 잠시 휴식을 취하고 있었어요. 그때 양을 몰고 있던 아름다운 금발의 목동이 독수리의 눈에 띄었어요. 그는 트로이 왕국을 세운 트로스의 아들 가니메데스로 매우 잘생긴 미소년이었지요.

제우스는 올림포스에서 독수리가 가니메데스 곁에 있는 모습을 보았어요. 아름다운 가니메데스를 본 제우스는 그가 마음에 쏙 들었어요. 그래서 독수리에게 신호를 주기 위해 번개를 내렸지요. 제우스가 손을 까딱, 움직이자 갑자기 하늘에 검은 구름이 몰려오기 시작했어요.

"방금 전까지도 맑던 하늘이 갑자기 왜 이러지?"

머리 위로 그림자가 드리우자 깜짝 놀란 가니메데스가 하늘을 향해 고개를 치켜들었어요. 그러나 가니메데스가 아무리

처다본다고 해서 그 먹구름의 원인을 알 리는 없었지요. 어느새 하늘에는 천둥 번개가 내려치기 시작했어요.

"이런, 비가 내리겠구나! 어서 내려가야겠다."

가니메데스는 서둘러 산을 떠났어요. 그때 커다란 독수리 한 마리가 날아와 날카로운 발톱으로 가니메데스를 콱 낚아채었어요.

"이런, 나를 어디로 데려가는 거야!"

당황한 가니메데스는 소리를 질렀어요. 살려 달라고 외치기도 했지만 그의 목소리를 들은 사람은 아무도 없었지요. 그렇게 가니메데스는 독수리에게 붙들려 올림포스에 도착했어요. 독수리는 가니메데스를 제우스 앞에 내려놓고 저 멀리 사라져 버렸어요.

"이봐, 도대체 나를 어디로 데려온 거야!"

독수리를 향해 외치던 가니메데스는 제우스를 보고 놀라서 바닥에 납작 엎드렸어요.

"제우스님, 제가 그만 무례를 범하고 말았습니다. 죄송합니다."

제우스는 가니메데스에게 다가와 손을 잡으며 말했어요.

"무서워할 것 없다, 가니메데스. 이 궁전에서 너와 함께 지내

▲ 달이 태양을 가리는 일식 장면

▲ 지구가 달을 가리는 월식 장면

고 싶어서 데려온 것이니까."

제우스는 가니메데스에게 올림포스 궁전에 머물게 하면서 신들의 연회 때 술을 따르는 일을 맡겼어요. 가니메데스를 신으로 만들어 주고, 영원한 젊음과 생명을 누릴 수 있게 해 주었지요. 올림포스 생활은 무척이나 즐거웠어요. 하지만 시간이 지날수록 가니메데스는 자신을 걱정할 부모님 생각에 너무나 슬펐어요.

"제우스님, 트로이 왕궁에 계신 부모님이 보고 싶습니다. 졸지에 아들을 잃어 버려 매우 마음 아파하실 것입니다."

눈물을 흘리는 가니메데스의 모습을 본 제우스는 미안한 마음이 들었어요. 그래서 가니메데스에게 말했지요.

"걱정 말거라. 너희 부모님이 언제나 널 볼 수 있도록 하늘에 별자리를 만들어 주겠다."

한편 가니메데스가 사라진 후 트로이의 왕과 왕비는 매일을 눈물로 지새웠어요. 백방으로 수소문을 해 보았지만, 아들을 보았다는 사람은 한 명도 나오지 않았지요. 제우스가 데려간 것이니 그럴 수밖에요. 하지만 이를 모르는 왕과 왕비는 가니메데스가 혹시 죽지는 않았을까 걱정에 잠조차 제대로 이루지 못하고 있었어요.

"가니메데스, 도대체 지금 어디에 있는 거니……."

그날도 트로이의 왕과 왕비는 가니메데스를 애타게 그리워하고 있었어요. 그때 두 사람의 눈앞에 전령의 신 헤르메스가 나타났어요.

지구와 달의 마술, 일식과 월식

일식과 월식은 지구와 달의 공전에 의해서 일어나는 현상이에요. 이 공전에 의해서 태양을 중심으로 서로가 서로를 가리는 현상이 일어나는 것이지요. 그중에 일식은 지구상에서 볼 때 태양이 달에 의해서 가려지는 현상을 말하고 월식은 지구가 달과 태양 사이에 위치하여 지구의 그림자에 달 표면이 가려지는 현상을 말해요. 일식이 일어날 때 태양이 달에 의해 완전히 가려지는 현상을 개기 일식이라 하고 부분만 가려지는 현상은 부분 일식이라고 해요. 마찬가지로 월식에서 달이 완전히 지구의 그림자에 가려지는 현상은 개기 월식이고 부분만 가려지는 현상은 부분 월식이라고 해요. 그리고 금환 일식은 달이 지구와 태양 사이를 가리긴 가렸는데 그 빛이 달을 둘러싸고 금반지처럼 비친다고 금환 일식이라고 해요.

달의 힘, 밀물과 썰물

밀물과 썰물은 태양과 달, 지구 사이의 인력과 원심력 때문에 생기는 현상이에요. 인력은 끌어당기는 힘을 말하고 원심력은 돌고 있는 물체가 원의 중심에서 바깥쪽으로 나가려는 힘을 말해요.

달이 지구와 일직선상에 놓이면 달의 인력이 가장 커져요. 그래서 달 쪽을 향한 바닷물은 달의 인력으로, 지구 반대편에 있는 바닷물은 지구의 원심력으로 서로 부풀어 오르게 되어 밀물이 되어요. 반대로 달과 직각을 이루는 쪽은 썰물이 되지요. 밀물과 썰물은 하루에 두 번 일어나는데 이는 지구가 하루에 한 번 자전하는 동안 한 번은 인력에 의해, 한 번은 원심력에 의해 밀물 현상이 일어나기 때문이에요. 이때 태양과 달이 일직선상에 위치하면 밀물과 썰물의 차이가 크고 서로 직각이 되면 그 차이가 미미하다고 해요. 밀물과 썰물을 만조와 간조라고도 하지요.

"그대의 아들 가니메데스는 제우스 신께서 데려가셨다. 그는 지금 올림포스에서 영원한 생명을 얻어 잘 지내고 있으니 걱정하지 마시오."

"오, 가니메데스! 올림포스라니!"

왕과 왕비는 눈물을 터뜨렸어요. 제우스의 부름을 받아 신들과 함께 지낸다니 다행이었지만, 그래도 가니메데스를 볼 수 없다는 사실은 여전했으니까요. 그러자 헤르메스가 밤하늘을 가리키며 말했어요.

"아들이 보고 싶거든 밤하늘을 보시오. 왕자는 그곳에서 물병을 들고 있을 테니."

왕과 왕비는 헤르메스의 말대로 밤하늘을 올려다보았어요. 그런데 정말로 캄캄한 밤하늘에서 한 소년이 물병을 들고 물고기의 입에 물을 흘려주고 있지 않겠어요? 소년의 몸은 반짝반짝 빛나는 별로 이루어져 있었지요.

"왕비, 저 별을 보시오. 사랑하는 가니메데스가 틀림없구려."

"우리 왕자가 하늘에서 빛나고 있어요."

왕과 왕비의 눈에서 눈물이 흘러내렸어요. 하지만 그것은 기쁨의 눈물이었어요.

▲ 썰물 상태의 바다 모습

▲ 밀물 상태의 바다 모습

희미해서 발견하기 쉽지 않은
물고기자리

물고기자리는 황도 12궁 12번째 별자리로 줄로 이어진 두 마리의 물고기가 헤엄치고 있는 모습이에요. 이 두 마리의 물고기는 그리스로마 신화에서 미의 여신 아프로디테와 아들인 에로스가 변신한 모습이라고 전해지고 있어요. 오른쪽으로 도망가는 커다란 물고기가 아프로디테이고 왼쪽으로 도망가는 작은 물고기를 아들 에로스라고 해요. 하지만 이 별자리는 희미해서 발견하기가 쉽지 않아요.

아무도 못 말리는 엄마의 사랑

영원한 생명을 지닌 신들에게도 무서워하는 것이 있어요. 바로 거대한 괴물 티폰이었지요. 이 거인은 제우스와의 싸움에서 진 대지의 여신 가이아가 복수하기 위해 낳은 괴물이에요. 티폰의 머리에는 뱀의 머리가 백 개나 돋아나 있었고 입뿐만 아니라 눈에서도 번개와 불꽃을 내뿜을 수 있었어요. 게다가 어찌나 큰지 어깨는 하늘에 닿았고 두 팔을 벌리면 세상의 동쪽 끝과 서쪽의 끝까지 닿았지요. 티폰이 휩쓸고 지나간 자리는 온통 아수라장이 되어버리니 신들도 무서워하지 않을 수가 없었어요.

올림포스 신들의 성대한 연회가 있는 날이었어요. 온갖 향기로운 술과 달콤한 과일들이 가득했고 먹음직스런 음식들도 식

행성에서 탈락한 명왕성

현재 명왕성의 공식 명칭은 〈134340 플루토〉예요. 1930년에 미국의 톰보에 의해 발견되어 해왕성 다음인 태양계의 아홉 번째 행성으로 정의되었어요. 그러나 2006년 국제천문연맹에서 행성의 분류법을 바꾸면서 행성의 지위를 박탈당하고 왜행성으로 분류되었어요. 왜행성은 행성이기는 하지만 지구나 목성, 금성 등과 비교했을 때 정식 행성으로 보기에는 미흡한 점이 많은 행성을 말해요. 왜냐하면 최근 천문 기기의 발달로 명왕성보다 더 큰 행성들도 계속 발견되고 있기 때문이에요. 그래서 2006년 8월 국제천문연맹에서는 행성에는 못 미치는 이런 행성을 정의하기 위해 왜행성이라는 분류법을 새로 정했어요.

탁에 넘쳐났지요. 신들은 저마다 한껏 치장을 하고 연회장에 모여들었어요. 남신들은 서로 술잔을 기울이며 인간들에게 해 주어야 할 일들과 우주의 장대함에 대해 이야기했어요. 여신들도 자신들의 아름다움을 마음껏 뽐내며 웃고 즐겼지요. 연회장의 분위기는 한창 무르익어 가고 있었지요. 그때였어요.

"티, 티폰이다! 티폰이 나타났다!"

평화로운 연회장에 티폰이 나타난 거예요. 신들은 어쩔 줄을 몰랐어요. 마침 신들의 왕 제우스가 잠시 자리를 비운 사이에 일어난 일이라 더 당황하고 말았지요. 티폰은 백 개나 되는 머리에서 마구 불을 뿜어대며 연회장을 망쳐 놓았어요. 고운 빛깔을 뽐내던 꽃들은 순식간에 새카맣게 타 버렸고 호화로운 음식이 차려진 상은 모두 엎어져 엉망진창이 되어 버렸지요. 겁에 잔뜩 질린 신들은 혼비백산 도망치기에 바

▲ 명왕성과 명왕성의 위성 카론, 지금은 134340 플루토와 134340 I 로 불리운다.

> ### 행성의 기준은 뭘까?
>
> 2006년 국제천문연맹에서는 행성의 기준을 다음과 같이 정의했어요.
>
> **첫째** 태양을 공전해야 할 것
> **둘째** 구형에 가까운 모양을 유지할 수 있는 질량이 있어야 할 것
> **셋째** 다른 행성의 위성이 아닐 것
> **넷째** 궤도 주변에서 지배적인 천체여야 할 것
>
> 이 네 가지 조건을 모두 만족해야만 행성으로 분류한다는 거예요. 그런데 명왕성은 특히 중력이 약해서 셋째 조건인 궤도 주변에서 지배적으로 힘센 천체가 아니라는 이유로 행성의 지위를 박탈당했어요.

빴어요.

잠시 연회장 밖을 나와 유프라테스 강변을 산책하고 있던 아프로디테와 에로스 역시 놀라긴 마찬가지였어요. 티폰은 어느새 밖까지 나와 이리저리 날뛰고 있었어요. 신들이 사방으로 도망치는 아수라장 사이에서 아프로디테는 자신의 아들 에로스가 없어진 것을 알아챘어요.

"에로스! 어디 갔니!"

당황한 아프로디테는 에로스를 찾아 이곳저곳을 돌아다녔어요. 티폰이 횡포를 부리고 있다는 것을 깜빡 잊은 채 말이에요.

"오, 아가! 거기 있었구나!"

마침내 아프로디테는 나무 아래에서 울고 있는 에로스를 찾아낼 수 있었어요. 떨고 있는 아들을 재빨리 품에 안은 아프로디테는 티폰이 오지 않을까 주위를 두리번거렸어요. 난장판이 된 연회장에서 언제까지 에로스를 달래 주기만 할 수는 없는 노릇이었어요. 티폰이 오기 전에 어서 자리를 피해야만 했지요.

"어머니, 너무나 무서워요."

에로스는 아프로디테의 손을 붙잡고 울먹였어요. 아프로디테는 고민에 빠졌어요. 빨리 어린 에로스를 데리고 도망칠 수 있는 방법을 찾아야 했지요.

'물고기로 변해 유프라테스 강을 헤엄쳐 도망치면 어떨까?'

그러나 문제가 있었어요. 어린 에로스가 물살에 휩쓸려 떠내려가면 큰일이니까요. 손을 꼭 잡고 도망치고 싶어도 물고기에게는 손이 없잖아요? 그때 티폰이 거센 불꽃을 내뿜으며 점점 다가오고 있었어요. 아프로디테는 급한 마음에 허리띠를 풀어 겁에 질린 에로스의 발목과 자신의 발목을 이어 묶으며 말했어요.

"에로스, 이제부터 우리는 물고기로 변하는 거야."

그러자 에로스가 말했어요.

내행성과 외행성

내행성과 외행성의 기준은 아주 간단해요. 지구를 기준으로 지구보다 안쪽에 있어 태양에 더 가까운 행성을 내행성이라 하고 지구보다 바깥쪽에 있어 지구보다 더 태양에서 멀리 떨어져 있는 행성을 외행성이라 부르지요. 그러니까 수성, 금성이 내행성이 되고 목성, 토성, 천왕성, 해왕성이 외행성이 되는 것이지요.

▲ 물고기자리 가상도

> **소행성과 왜행성**
>
> 소행성은 태양 주위를 공전하는 태양계의 한 구성원인 작은 천체를 말해요. 물론 이름 그대로 행성보다는 작은 것을 말해요. 그리고 왜행성은 소행성과 행성의 중간 단계를 말할 때 사용하는 이름이에요. 명왕성이 바로 소행성과 행성의 중간 단계가 되어 왜행성으로 분류되었어요. 왜행성은 왜소행성이라고도 불러요.

"강물이 이렇게 거센데, 물살에 떠내려가면 어쩌지요?"

"걱정 말거라. 이 끈으로 꽉 묶었으니까 떨어질 일은 없을 거야."

그렇게 아프로디테와 에로스는 물고기로 변해 유프라테스 강으로 뛰어들었어요. 그 순간 티폰의 불꽃이 두 사람이 있던 곳을 향해 날아들었어요. 두 사람이 조금이라도 늦게 도망쳤다면, 아마 티폰의 불꽃에 그만 새까맣게 타 버렸을 거예요. 정말 간발의 차로 티폰을 피할 수 있었던 거지요.

이렇게 신들도 무서워하는 티폰이었지만 제우스만큼은 티폰을 무서워하지 않았어요. 연회장에 나타난 제우스는 아수라장이 된 모습에 불같이 화를 냈어요.

"잔치를 이렇게 망쳐 놓은 것이 도대체 누구냐!"

티폰의 짓이라는 것을 알게 된 제우스는 티폰을 찾아내 혼쭐을 냈어요. 조금 전까지만 해도 연회장을 난장판으로 만들며 이리저리 날뛰던 티폰은 언제 그랬냐는 듯 풀이 죽고 말았지요. 소동이 진정되자 제우스는 한시름 놓을 수 있었어요. 그때 제우스의 눈에 물고기 두 마리가 눈에 띄었어요. 헤어지지 않기 위해 서로를 끈으로 꼭 동여맨 아프로디테와 에로스의 모습이었지요.

"위험한 상황에서도 어머니와 아들이 서로 위하는 모습이 보기 좋구나."

제우스는 흡족해하며 끈으로 묶인 엄마 물고기와 아기 물고기의 형상을 하늘에 올려 별자리로 만들어 주었어요. 아프로디테가 에로스와 떨어지지 않기 위해 꼭 붙들어 맨 그 끈의 매듭에는 물고기자리에서 가장 밝은 별이 반짝이고 있다고 해요. 어린 아들을 사랑하는 아프로디테의 마음이 깃들어 있기 때문이겠지요.

운명을 알아보는 점성술

점성술이란 별자리로 별점을 보는 것을 말해요. 하늘의 별을 관찰하여 사람의 운명이나 장래를 점치는 방법이에요. 그러니까 점성술은 사람의 운명이 태어날 때 주어진 별자리에 달렸다고 믿는 우주관인 셈이지요. 과학이 발달하지 않았던 옛날에는 하늘의 별을 통해 사람의 운명을 예측했고 사람들은 그것을 진짜라고 믿었어요. 과학이 발달한 지금은 사람들이 재미와 오락으로 점성술에 많은 관심을 갖고 있어요.

별자리와 나의 롤모델

점성술은 하늘을 연구하는 학문인 천문학과는 아무 관련은 없어요. 그렇지만 옛날 사람들이 오랜 시간에 걸쳐 생일마다 별자리를 정하고 사람의 운명을 점쳐 본 것이니 내 생일과 같은 훌륭한 롤모델은 누구인지, 나는 미래에 어떤 인물이 될 수 있을지 별자리로 한번 알아보는 것은 흥미로운 일이지요.

물병자리
1월 21일 - 2월 18일생

| 물병자리 인물 | 다윈・에디슨・갈릴레오・링컨・모차르트 |

물병자리의 사람은 자유롭고 독창적인 것을 좋아해요. 안정적인 미래보다는 불안정하더라도 자신의 뜻을 마음껏 펼칠 수 있는 길을 택하지요. 통찰력과 판단력도 매우 뛰어나요. 물병자리에는 인류의 미래를 몇 발 앞서 간 창조적인 인물들이 많아요.

물고기자리
2월 19일 - 3월 20일생

| 물고기자리 인물 | 아인슈타인・미켈란젤로・쇼팽・비발디 |

물고기자리의 사람은 바다와 같은 넓은 포용력을 지니고 있어요. 그래서 다른 사람의 부탁을 잘 들어주는 편이에요. 엄청난 감수성을 지니고 있어서 문학이나 예술 방면에 아주 위대한 인물들이 많아요..

양자리
3월 21일 - 4월 20일생

| 양자리 인물 | 채플린・고흐・안데르센・퓰리처 |

양자리의 사람은 자기 생각을 분명하게 주장하고 무슨 일이든지 절대 포기하지 않아요. 노력을 이길 수 있는 건 아무것도 없다고 굳게 믿고 있어요. 기존의 흐름을 변화시키고 새로운 시대를 앞서 가려는 인물이 많아요.

황소자리
4월 21일 - 5월 21일생

| 황소자리 인물 | 셰익스피어・나이팅게일・프로이트・브람스 |

황소자리의 사람은 조급하게 서두르거나 분별없는 행동은 절대 하지 않아요. 하지만 한번 자신이 옳다고 생각한 일은 누가 뭐라 해도 끝까지 밀고 나가는 끈기를 지니고 있어요.

쌍둥이자리
5월 22일 - 6월 21일생

| 쌍둥이자리 인물 | 파스칼・고갱・존 에프 케네디・사르트르・슈만 |

쌍둥이자리의 사람은 호기심이 매우 왕성해요. 뛰어난 재치와 화려한 말솜씨, 다양한 재주를 지니고 있는 팔방미인이지요. 그래서 다양한 재능을 골고루 필요로 하는 일에 아주 어울리는 사람이에요.

게자리
6월 22일 - 7월 22일생

|게자리 인물　렘브란트・생텍쥐페리・헬렌 켈러|

게자리의 사람은 다른 사람을 잘 이해해요. 그래서 자신과 자신의 무리를 보호하려고 하는 마음이 아주 강해요. 가정적이기도 하지만 뛰어난 상상력으로 창조적인 아이디어를 많이 내기도 해요.

사자자리
7월 23일 - 8월 22일생

|사자자리 인물　나폴레옹・김소월・히치콕|

사자자리의 사람은 개성이 강하고 리더십이 뛰어나 사람들을 잘 이끌어요. 그래서 사자자리의 사람은 남 앞에 나서서 다른 이들을 이끄는 일을 아주 잘해요.

처녀자리
8월 23일 - 9월 23일생

|처녀자리 인물　톨스토이・안중근・괴테・테레사 수녀|

처녀자리의 사람은 매사에 완벽함을 추구해요. 아무리 힘든 일이라도 다른 사람에게 맡기지 않고 혼자서 잘 해내지요. 그리고 자기 자신의 잘못과 모순을 철저하게 고치려고 노력해요. 순수한 정신을 간직하고 있어서 항상 꿈을 지니고 살아가지요.

천칭자리
9월 24일 - 10월 23일생

|천칭자리 인물　노벨・니체・간디・아이젠하워|

천칭자리의 사람은 평화주의자가 많아요. 균형을 매우 중요하게 생각하며, 강한 정의감을 지녔어요. 싸움이 있으면 모두를 화해시키기 위해 열심히 노력해요. 그래서 저울처럼 수평을 이룰 수 있도록 일을 이끌어 나가요.

전갈자리
10월 24일 - 11월 22일생

|전갈자리 인물　피카소・마리 퀴리・방정환・빌 게이츠|

전갈자리의 사람은 차분하고 남 앞에서 떠벌이는 것을 싫어해요. 인내심이 강하며 창의성이 매우 뛰어나지요. 그래서 한번 결심하면 목적을 달성할 때까지 열심히 노력하는 열정의 소유자들이 많아요.

궁수자리
11월 23일 - 12월 21일생

|궁수자리 인물　베토벤・월트 디즈니・스티븐 스필버그・마크 트웨인|

궁수자리의 사람은 모든 속박을 싫어하고 자유를 추구해요. 그래서 다양한 경험과 지식을 쌓고 싶어 하고, 자신이 옳다고 생각한 곳을 향해 거침없이 달려가는 도전 정신이 강해요.

염소자리
12월 22일 - 1월 20일생

|염소자리 인물　잔 다르크・마틴 루터 킹・뉴턴・마오쩌둥・슈바이처|

염소자리의 사람은 끈질긴 인내심을 갖고 목적을 향해 나아가는 노력파예요. 책임감과 강한 정신력을 지녔기 때문에 지도자의 자리에 오르는 사람이 많아요. 역경과 고난을 견뎌 내어 자신이 원하는 것을 이루는 열정의 소유자들이에요.

봄을 알리는 전령
양자리

양자리는 페르세우스자리, 황소자리 등의 별자리에 둘러싸여 있으며 전체적으로 매우 어두운 별자리예요. 2천여 년 전의 옛날 사람들은 양자리를 봄을 알리는 별자리로 여기며 반겼지요. 그래서 태양이 이 별자리에 오면 새봄이 왔다는 뜻으로 여러 가지 봄 행사를 벌였어요.

쫓겨난 남매의 지순한 사랑

　그리스의 보이오티아란 곳에 아타마스 왕이 살고 있었어요. 그에게는 아내인 네페레와 아들 프릭소스 그리고 헬레라는 딸이 있었지요. 행복한 시간도 잠시, 왕은 아내인 네페레가 싫어졌어요. 결국 아타마스 왕은 네페레 왕비를 버리고 카드모스의 딸 이노와 재혼을 했어요. 네페레 왕비는 궁전에서 쫓겨나고 이노가 새 왕비로 들어오게 되었지요. 그런데 새 왕비인 이노는 질투심이 무척 강했어요. 그래서 아타마스 왕이 전 부인의 아이들인 프릭소스와 헬레에게 조금이라도 다정하게 대해 주면 무척이나 싫어했어요.

　시간이 흐르고 이노 왕비는 아기를 갖게 되었어요. 그러자 왕비의 마음속에는 욕심이 하나 생겼어요.

　'내 아기를 꼭 왕으로 만들 테야.'

> **별의 수명을 어떻게 알까?**
>
> 별은 질량에 따라 수명이 정해져요. 질량이 클수록 수명은 짧고 질량이 적을수록 오래 살아요. 왜냐하면 질량이 큰 별일수록 중심 온도가 높기 때문에 핵반응이 활발히 일어나 연료의 소모가 많아져 내부 구조가 빨리 변하게 되어 수명이 짧아져요. 그리고 반대로 질량이 적으면 중심 온도가 낮아 비교적 핵반응 정도가 작아서 내부 변화가 느리기 때문에 수명도 그만큼 길어요. 그래서 질량이 큰 별일수록 밝은 별이 되고 질량이 적을수록 어두운 별이 되어요.

하지만 이미 네페레 왕비의 자식들인 프릭소스 왕자와 헬레 공주가 버티고 있었지요. 특히 왕자인 프릭소스야말로 아타마스 왕의 뒤를 이어 보이오티아를 다스리게 될 것이 분명했어요. 이노 왕비는 어떻게 해야 눈엣가시 같은 프릭소스와 헬레를 없앨 수 있을지 궁리했어요.

'그래, 이렇게 하면 되겠구나.'

이노 왕비는 자신의 계략이 만족스러운 듯 조금씩 불러오는 배를 쓰다듬으며 웃었어요.

보이오티아에 봄이 오고, 이노 왕비는 건강한 아들을 낳았어요. 사람들은 새 왕자님의 탄생을 축하했고 아타마스 왕도 매우 기뻐했어요. 새싹이 움트고 때마침 모내기를 할 시기가 되었어요. 이노 왕비는 다른 사람들 몰래 삶은 씨앗을 농부들에게 나누어 주었어요.

"이 씨앗을 심어 농사를 짓거라."

농부들은 이노 왕비가 준 씨앗을 받고 기뻐하며 소중히 밭에 심었어요. 하지만 삶은 씨앗에 아무리 물을 뿌려도 새싹이 나올 리가 있겠어요? 아무리 기다려도 싹이 나오질 않자 농부들의 불만은 커져만 갔어요. 그러자 나라 안에 점차 이상한 소문이 돌기 시작했어요.

"벼 이삭이 싹트지 않는 게 우리 나라가 재앙을 받았기 때문이라며?"

"프릭소스 왕자님과 헬레 공주님이 나쁜 마음을 품고 있어서 그런 거래요."

"하늘이 노해서 천벌을 내린 거로군."

물론 모든 것이 이노 왕비가 몰래 퍼뜨린 거짓 소문이었지요. 소문은 곧 빠른 속도로 나라 안에 퍼졌어요. 사람들은 농사를 위해서는 프릭소스를 없애 신의 노여움을 풀어야 한다고 주장했어요.

"왕자님을 처형해야 예전처럼 풍성한 곡식을 거둘 수 있을 것입니다!"

아타마스 왕은 고민에 빠졌어요.

"아, 이 일을 어떻게 해야만 좋단 말인가!"

▲ 별들이 태어나는 성운의 모습. 세 개로 찢어졌다고 삼렬 성운으로 불리지만 실제로는 네 가닥으로 보인다.

아타마스 왕은 단지 떠도는 소문 때문에 아들과 딸을 죽일 수 없었어요. 하지만 이대로 놔두었다간 화가 난 사람들이 궁으로 쳐들어올까 걱정이 되었어요. 시름에 잠겨 있는 왕을 보고 이노 왕비는 또 다시 꾀를 부렸어요.

"왕이시여, 그렇게 걱정만 하지 마시고 어째서 흉작이 되었는지 신탁을 받아 보세요."

아타마스 왕은 고개를 끄덕이며 심부름꾼을 보냈어요. 이노 왕비는 몰래 그 심부름꾼에게 금화를 쥐어 주며 말했지요.

"너는 신전에서 프릭소스 왕자를 제우스 신에게 바치라는 말을 들었다고 왕에게 전해라."

금화를 받은 심부름꾼은 이노 왕비가 시킨 대로 아타마스 왕에게 고했어요. 그 말을 들은 아타마스 왕은 크게 상심했어요. 사랑하는 아들을 제물로 바치라니요. 하지만 뾰족한 수가 없었어요. 신의 뜻을 어길 수 없었던 아타마스 왕은 결국 프릭소스를 죽이기로 결심했어요.

한편 프릭소스 왕자를 신전에 제물로 바친다는 소문을 들은 어머니 네페레는 가슴이 무너지는 것만 같았어요.

"오오, 신이시여. 부디 저희 아이들을 지켜 주소서."

1초에 지구 일곱 바퀴 반

우주는 넓고 넓어서 길이를 재는 단위로 빛을 사용해요. 빛은 진공 속에서 1초 동안 30만 km를 가요. 그래서 초속 30만 km가 되는 것이고 우리는 이런 빛의 속도를 광속이라고 해요. 초속 30만 km라면 1초 동안에 무려 지구를 일곱 바퀴 반이나 돌 수 있어요. 그리고 이 빛이 1년 걸려서 진행한 거리를 광년이라고 해요. 그래서 1광년은 약 9조 4천6백억 km가 되지요. 지구에서 달까지의 거리는 약 38만 4400km이니 지구에서 빛이 달까지 가는 데는 1.3초 밖에 걸리지 않아요. 광년은 모든 천문학자들이 공통으로 사용하는 우주의 길이 단위예요. 우리 은하와 비슷한 안드로메다은하는 지구로부터 약 230광년 거리에 있어요.

네페레는 매일 신전에 가서 간절히 기도를 드렸어요. 그녀가 할 수 있는 일이라곤 오직 이것뿐이었지요. 마침내 자식을 구하려는 네페레의 기도는 올림포스에 있는 제우스의 귀에까지 닿았어요. 사정을 알게 된 제우스는 프릭소스와 헬레를 구해 내기 위해 양 한 마리를 보냈어요.

프릭소스가 제물로 바쳐지는 날이었어요.

"오빠, 어떻게 해?"

헬레가 프릭소스의 무릎에 얼굴을 묻으며 흐느껴 울었어요.

"울지 마, 헬레. 비록 이대로 죽어도 나는 네 곁을 항상 지켜 줄 거야."

헬레를 달래 주는 프릭소스의 마음 역시 무겁기 그지없었어요. 곧 죽을 것이라 생각하니 겁이 나기도 했어요. 하지만 프릭소스의 마음을 가장 슬프게 한 것은 어린 헬레를 혼자 남겨 두고 떠나야 한다는 사실이었어요.

'나까지 사라지면 이 넓은 궁전에서 누가 헬레의 편을 들어 줄까……. 새 왕비는 분명 헬레마저 없애려 들겠지. 어머니, 제발 도와주세요!'

그 순간 하늘에서 황금빛 털을 휘날리며 양 한 마리가 내려왔어요. 프릭소스는 재빨리 헬레를 데리고 양 등에 올라탔어요. 황금 양은 두 아이를 태우고 하늘 높이 날아올랐지요. 처형은 피할 수 있었지만 무사히 도망치기 위해서는 아직 많은 시간을 날아가야 했어요. 황금 양은 높은 산을 지나고 이제 넓은 바다를 유유히 날아갔지요.

▲ 양자리 가상도

프릭소스는 두려움을 누르고 양털을 꼭 붙들고 있었지만, 아직 어린 헬레는 겁이 나서 계속 훌쩍훌쩍 울고 있었어요. 게다가 시간이 지날수록 점점 손의 힘은 빠져만 갔어요. 그리고 계속 바다 위를 날고 있으려니, 멀미를 하는지 속이 울렁거리기 시작했어요.

"프릭소스 오빠, 너무 무서워!"

▲ 목성과 목성의 위성 이오를 관측하는 인공위성의 가상도

"헬레, 겁먹지 말고 나를 꼭 잡으렴. 아래쪽은 절대 보지 마!"

하지만 프릭소스의 말이 끝나기도 전에, 헬레의 눈은 이미 아래를 향하고 있었어요. 발밑에는 새카만 바다가 까마득하게 펼쳐져 있었지요. 그 무서운 광경에 헬레는 그만 손의 힘이 풀려 바닷속으로 떨어지고 말았어요.

"헬레! 헬레!"

프릭소스는 애타게 헬레의 이름을 불렀어요. 그러나 이미 헬레는 깊고 깊은 바닷속으로 사라져버린 뒤였지요. 헬레가 떨어진 곳은 아시아와 유럽 사이의 바다였어요. 훗날 사람들은 헬레의 슬픈 운명을 되새기고자 헬레의 이름을 따 이 해협을 헬레스폰트라고 불렀어요.

양은 프릭소스를 태운 채 계속 날아갔어요. 프릭소스는 헬레의 이름을 부르며 눈물을 흘렸지요. 마침내 육지에 도착한 황금 양은 프릭소스를 내려 주었어요. 그곳은 바로 흑해의 동쪽 해안에 자리 잡고 있는 코르키스 왕국이었어요. 코르키스 사람들은 하늘을 나는 황금 양을 타고 내려온 프릭소스를 신이 보내 준 사람으로 생각하고 반갑게 맞이했어요.

비록 여동생을 잃었지만, 프릭소스는 자신을 도와준 제우스

> **지구형 행성과 목성형 행성**
>
> 태양계의 행성 중 크기와 밀도가 지구와 비슷한 특징을 가지고 있으면 지구형 행성, 목성과 비슷한 특징을 가지고 있으면 목성형 행성으로 분류해요. 지구형 행성은 크기가 작고 금속이나 암석 덩어리가 뭉쳐 만들어졌으며, 목성형 행성은 기체가 모여 만들어졌어요. 지구형 행성에는 수성, 금성, 지구, 화성이 포함되고 목성형 행성에는 목성, 토성, 천왕성, 해왕성이 있어요. 목성형 행성에서 크기가 제일 작은 해왕성의 반지름이 지구보다 네 배 정도 크지요.

에게 감사를 드리기 위해 황금 양을 제물로 바쳤어요. 그리고 황금 가죽은 코르키스의 왕인 아이에테스에게 선물로 주었어요.

"이렇게 귀한 황금 가죽을 받다니! 정말 고맙소!"

아이에테스 왕은 매우 기뻐하며 황금 가죽을 전쟁의 신 아레스의 숲에 있는 떡갈나무에 걸어 놓았어요. 그리고 잠들지 않는 용에게 이 가죽을 지키도록 했지요. 그리고 제물로 바쳐진 황금 양은 제우스의 곁으로 올라갔어요.

"수고했다."

제우스는 자신의 임무를 완수한 황금 양의 공로를 기리기 위해 하늘의 별자리로 올려 주었어요.

지구형 행성과 목성형 행성의 특징

	지구형 행성	목성형 행성
크기	작다	크다
질량	가볍다	무겁다
밀도	높다	낮다
위성	적다	많다
대기를 구성하는 주요 물질	물, 이산화탄소	수소, 헬륨, 암모니아

태양과 행성들의 무게 알아보기

태양이 태양계의 중심이 되는 데는 다 그만한 이유가 있어요. 만약 태양이 없다면 지금의 지구와 행성은 생겨나지 못했을 거예요. 그리고 태양이 지금처럼 어마어마한 열을 내뿜지 않는다면 지구와 다른 행성들은 영하 수백도가 되어 모두 꽁꽁 얼어 버려 지구에는 생명이 탄생하지 못했을 거예요. 또 태양은 그 무게를 비교해 봐도 모든 행성을 합한 것보다 어마어마하게 무겁지요. 지구의 무게를 1이라 하고 상대 질량을 비교해 보면 다음과 같아요.

태양과 행성	상대 질량
태양	333,000
수성	0.056배
금성	0.82배
지구	1배
화성	0.11배
목성	318배
토성	95배
천왕성	14.5배
해왕성	17.2배

한 해를 시작하는 태양이 머무는
염소자리

가을철 남쪽 하늘에서 볼 수 있는 황도 12궁의 별자리예요. 염소자리는 뿔 달린 염소를 말하는데 하늘의 바다에 해당하는 부분에 놓여 있어서 바다염소자리라고도 불렀어요. 한 해를 시작할 때 태양은 염소자리에 머문다고 해요. 염소자리는 비록 매우 어두운 별자리지만 오래된 별자리에 속해요.

뚝배기보다 장맛 같은 사나이

목동들의 수호신인 판은 아주 못생긴 신으로 유명했어요. 상체는 사람의 모습이었지만, 하체는 염소의 모습을 하고 있었거든요. 머리 위에는 염소 뿔까지 돋아나 있었어요. 신이라기보다는 꼭 괴물에 가까운 모습이었지요. 이런 추한 외모 탓에 판은 아르카디아의 계곡에서 외롭게 살아가고 있었어요. 신들의 연회에도 참석하지 않았지요. 자신의 외모가 즐거운 연회를 망치기라도 하면 큰일 난다고 생각했거든요. 좋아하는 여신이 생겨도 '저 아름다운 여신이 나처럼 못생긴 신을 좋아할리 없지…….' 하면서 자신의 마음을 꽁꽁 숨기곤 했어요.

하지만 그런 판에게도 아주 뛰어난 능력이 있었는데, 바로 피리 연주였어요. 판이 부는 피리 소리는 듣는 이를 기분 좋게 만들었어요. 그래서 판이 피리를 불면 숲의 동물들이 모두 모

돌고 도는 자전과 공전

자전이란 어떤 천체가 스스로 고정된 축을 중심으로 도는 것을 말해요. 그리고 홀로 도는 회전축이 되는 것을 자전축이라고 하지요. 지구의 자전축은 공전 궤도에 대해 약 23.5도 기울어져 있어요. 공전은 어떤 천체가 다른 천체의 주위를 도는 것을 말해요. 그러니까 지구는 스스로 자전을 하면서 태양 주위를 공전하는 것이고, 달은 스스로 자전을 하면서 지구 주위를 공전하는 거예요.

여 들었지요. 판은 외로움을 달래려고 매일 밤낮을 가리지 않고 피리를 불며 쓸쓸한 시간을 보냈어요.

그러던 어느 날 제우스가 찾아와 말했어요.

"네 피리 소리가 매우 아름답다고 들었다. 내일 연회가 열리니 그곳에서 네가 피리를 연주해 주었으면 좋겠구나."

판은 뛸 듯이 기뻤어요. 신들의 연회에 당당히 참석할 수 있었던 거예요. 모든 신들 앞에서 가장 자신 있는 피리 연주를 할 수 있다니, 매우 기쁜 일이었어요. 게다가 제우스가 직접 찾아와 부탁하지 않았겠어요? 판은 설레는 마음에 제대로 잠을 이룰 수가 없었어요.

다음 날, 연회가 열렸어요. 멋지게 차려입은 신들과 요정들이 하나 둘 모여들기 시작했지요. 판도 피리를 들고 연회에 참석했어요. 향기로운 과일들을 먹으며 담소를 나누고 있는 신들 사이에서 판은 조용히 피리를 불기 시작했어요. 판의 피리

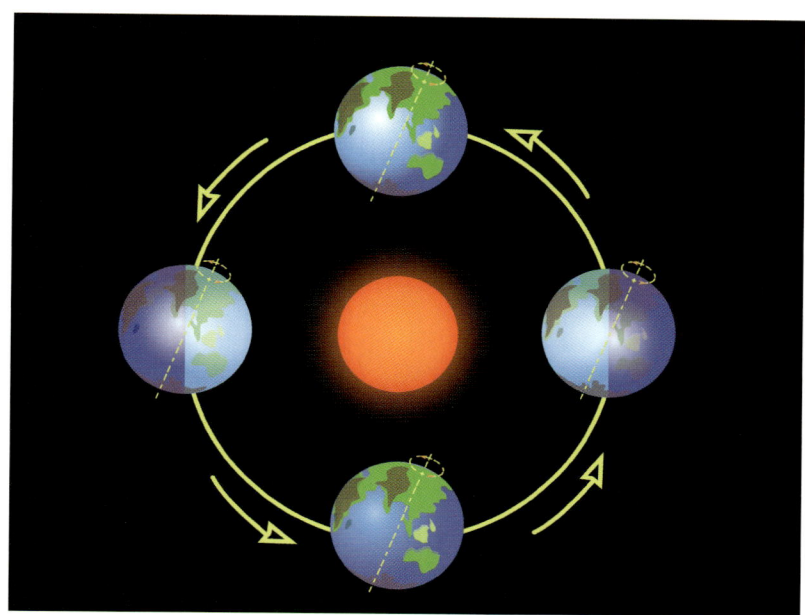

▲ 자전과 공전을 하는 지구의 모습을 그린 가상도

소리가 들리자 신들과 요정들은 이야기를 멈추고 귀를 기울이기 시작했어요. 판의 피리 소리는 어딘가 처량하면서도 몹시 애절했어요. 그 맑고 고운 피리 소리는 연회장 멀리 퍼져 나갔고, 연회에 참석한 모든 신들은 그의 피리 소리에 감동하지 않을 수 없었어요.

"이렇게 아름다운 피리 연주는 처음 들어요."

"정말이지 슬프면서도 아름다운 노래군요."

연회에 모인 신들과 요정들은 판의 피리 소리에 취해 입가

떠돌이별, 혜성

혜성이란 태양 주위를 아주 긴 타원형으로 돌며 크기는 별로 크지 않은 떠돌이별을 말해요. 혜성의 내부에는 핵이 있는데 태양 가까이 다가가면 핵 주위로 코마라고 하는 가스 구름이 발달하여 커다란 머리를 이루고 태양풍에 의해 먼지와 가스의 긴 꼬리가 생겨요. 꼬리가 긴 것은 1억 km 이상 되는 것도 있어요. 혜성 출현에 대한 기록은 기원전 3000년경부터 있으나 혜성이 태양계 천체의 하나로 확인된 것은 비교적 근대의 일이에요. 16세기 말 티코 브라헤는 혜성이 천체임을 처음 밝혔고, 에드먼드 핼리는 혜성이 태양계의 일원이라는 것을 알아냈어요. 그리고 당시에 나타났던 혜성의 주기를 계산하고 다음 출현 시기를 예측했어요. 이런 혜성들 중에 영국의 천문학자 핼리가 발견한 혜성이 바로 핼리 혜성이에요. 이 핼리 혜성은 76년마다 한 번씩 우리 눈앞에 나타나지요.

에 행복한 미소를 짓고 있었어요. 그때였어요. 판의 피리 소리를 가르고 어디선가 이상한 소리가 들려왔어요. 주변에 있던 나무들이 쓰러지고 강한 바람이 휘몰아치기 시작했어요. 무시무시한 괴물 티폰이 나타난 거예요. 티폰은 숲 속 저편에서부터 불을 뿜어대고 바람을 일으키며 연회장 쪽으로 오고 있었어요. 티폰은 아주 기세등등했어요. 신들의 왕 제우스를 보고도 이제는 무섭지 않다는 표정이었어요. 티폰은 전에는 당했지만 이번에는 어림없다는 듯 오히려 더 거센 불길을 내뿜었어요.

"이런, 티폰이 단단히 각오했나 봐!"

신들과 요정들은 동물로 변신하여 도망치기 시작했지요. 그러는 편이 티폰의 눈에 띄지 않고 무사히 도망칠 수 있었거든요. 어떤 신은 나비로 변했고, 어떤

▲ 미국의 천문학자 헤일과 밥이 1995년에 발견한 헤일-밥 혜성의 모습

신은 새의 모습이 되어 날아갔어요.

판도 피리 연주를 멈추고 가장 자신 있는 염소로 변신해 도망갔어요. 그런데 계속 도망치다 보니 바로 앞에 강물이 가로막고 있는 것이 아니겠어요! 판은 다시 물고기로 변하는 주문을 외우기 시작했어요. 그때 저 멀리서 제우스가 티폰과 힘겹게 싸우고 있는 모습이 보였어요.

"앗, 제우스님!"

판은 그만 깜짝 놀라 미처 물고기로 변하는 주문을 제대로 외우지 못했어요. 그 바람에 아주 우스꽝스러운 몰골이 되고 말았지요. 하반신은 물고기의 모습이었지만, 상반신은 여전히 뿔과 수염이 덥수룩한 염소 모습 그대로였지 뭐예요. 하지만 다시 주문을 외울 틈이 없었어요. 제우스를 도와 티폰을 물리치는 것이 우선이었지요.

"그래, 피리를 불자!"

판은 피리를 세게 불었어요. 그러자 이번에는 곱고 아름다운 노래 대신, 살을 베어 내는 듯한 처절하면서도 끔찍한 소리가 울려 퍼졌어요. 이 소리를 견뎌 내지 못한 티폰은 겁을 먹고 제우스를 피해 달아나 버렸어요.

"저놈이 갑자기 도망을 치다니, 무슨 일이지?"

주위를 둘러본 제우스는 판이 피리를 불어 자신을 도와주었다는 사실을 알게 되었어요. 제우스는 도망치지 않고 자신을 위해 애써 준 판에게 무척 고마워했지요.

▲ 염소자리 가상도

"그런데 판, 왜 그런 모습을 하고 있느냐?"

그러자 판이 부끄러워하며 말했어요.

"제우스님을 도우려다가 그만 주문을 잘못 외우고 말았어요. 이런 모습을 보여 드려 정말 죄송해요."

판의 대답에 제우스는 손을 내저으며 말했어요.

"나를 도와주려다 그런 것이 아니겠느냐? 그만큼 네가 용감하다는 뜻이니 감추어야 할 이유가 없다."

제우스는 판의 도움을 영원히 기억하기 위해 별자리로 만들어 두었어요. 물론 판이 제우스를 도와주었던 반은 염소, 반은 물고기인 모습 그대로 말이지요. 아주 우스꽝스러운 모습이었지만 이 별을 보고 비웃는 신들은 아무도 없었어요.

북극성을 찾을 때 이용하는
카시오페이아자리

카시오페이아자리는 가을철 별자리로 밝은 별들이 W자 모양이라 북두칠성과 함께 북극성을 찾을 때 이용하는 별자리로 유명해요. 아라비아에서는 이 별자리를 '사막에 웅크리고 앉아 있는 낙타'라고 불렀는데 저녁 즈음 별자리가 M자 모양이 돼서 마치 웅크린 낙타처럼 보였기 때문이지요. 카시오페이아는 그리스로마 신화에 나오는 에티오피아 왕비의 이름이에요.

오만한 어떤 왕비의 비극

카시오페이아는 에티오피아의 왕, 케페우스의 아내였어요. 카시오페이아 왕비는 안드로메다라는 예쁜 딸을 낳았어요. 안드로메다는 어머니 카시오페이아 왕비를 닮아 무척 아름다운 처녀로 자랐어요. 하지만 카시오페이아 왕비는 허영심이 많은 여자라, 자신이 가진 것들을 자랑하는 것을 매우 좋아했어요. 그래서 자신의 아름다움은 물론 딸의 미모까지 자랑하고 다녔지요.

그러던 어느 날, 누군가 바다의 요정 네레이스의 아름다움을 칭찬하는 소리를 들었어요. 그 이야기를 들은 카시오페이아는 콧방귀를 뀌며 말했어요.

"네레이스의 오십 자매가 예쁘다고 해도 우리 안드로메다만큼은 못할 걸요?"

정말로 밝은 별, 초신성

천체 망원경으로 하늘을 보다 보면 어느 날 갑자기 무척 밝은 별이 나타나 있는 것을 알 수 있어요. 우리는 이런 별을 이전까지는 보이지 않다가 새롭게 나타났다고 새로운 별 즉 신성이라고 부르지요. 이렇게 신성이 생기는 이유는 어떤 별이 갑자기 특별한 이유로 폭발하면서 어마어마한 빛을 내뿜게 되어 밝게 보이는 것이에요. 신성 가운데서도 유난히 밝은 별을 초신성이라고 해요. 그리고 밤하늘의 별 중에는 사실 제대로 알고 보면 별이 두 개인데도 눈으로 보면 하나로 뭉쳐 보이는 것이 있어요. 멀리 떨어져 있다 보니 지구에서는 하나로 보이는 것이지요. 이런 별은 두 별이 모여 있다고 해서 쌍성이라고 불러요. 그렇지만 고성능 천체 망원경으로 보면 두 별이 떨어져 있다는 것을 또렷이 알 수 있어요.

주변 사람들은 카시오페이아의 말을 듣고 깜짝 놀랐어요. 인간이 신에게 도전하는 말이었거든요. 카시오페이아의 이야기는 소문을 타고 흘러 기어이 네레이스의 오십 자매 귀에도 들어갔어요. 그 이야기를 들은 네레이스들은 화가 나서 노발대발했어요. 네레이스들은 새빨개진 얼굴로 씩씩거리며 바다의 신 포세이돈에게 찾아갔어요.

"포세이돈님, 감히 인간이 저희를 욕보였습니다. 그 허영심 많은 왕비에게 벌을 내려 주세요."

포세이돈은 네레이스들의 요청에 따라 에티오피아의 해안으로 티아마토라는 괴물 고래를 보냈어요. 그도 그럴 것이, 포세이돈의 아내인 암피트리테 역시 네레이스 중 한 명이었거든요. 그 괴물 고래가 나타난 뒤로 에티오피아의 어

▲ 초신성의 폭발잔해로 만들어진 게 성운의 모습. 게 성운이란 게 모양을 닮았다고 붙여진 이름이다.

페르세우스자리

페르세우스자리의 베타별인 알골은 2.9일을 주기로 밝기가 변하는 변광성이에요. 옛날 사람들은 별은 절대 변하지 않는다고 믿었기에 밝기가 변하는 이 별에 악마라는 뜻의 알골이라는 이름을 붙였어요. 페르세우스자리는 그리스로마 신화에 등장하는 영웅 페르세우스가 메두사를 물리치자, 그의 뛰어난 활약을 기리기 위해 별자리로 만든 것이에요. 그가 들고 있는 메두사의 머리부분에 알골이 있어요.

부들은 물고기를 잡으러 나갈 수 없었어요. 바다에 나갔다간 괴물 고래의 먹이가 되기 십상이었거든요. 밤마다 바다에 풍랑이 불어오고 큰 파도가 해안 마을을 쓸고 갔어요. 고기잡이를 못하니 나라 안에서 물고기를 먹는 일도 귀해졌지요.

깜짝 놀란 케페우스 왕은 신전에 이유를 물어봤어요.

"바다신의 노여움을 샀습니다. 그 분노를 가라앉히려면 안드로메다 공주를 괴물 고래의 먹이로 바치셔야 합니다."

신탁을 듣고 케페우스 왕은 크게 좌절했어요. 아무리 신탁이라지만 사랑하는 공주를 괴물 고래의 밥으로 바치라니요. 왕은 안드로메다 공주를 차마 제물로 바칠 수가 없었어요. 그때 안드로메다 공주가 왕 앞에 나와 말했어요.

"나라를 위해서라면 제가 기꺼이 제물이 되겠어요. 제가 괴물 고래를 보고 너무 놀라서 도망칠 수도 있으니, 저를 바위에 쇠사슬로 묶어 주세요."

"그게 무슨 소리냐? 분명 다른 방법이 있을 거다. 너를 그 흉악한 괴물 고래에게 바칠 수는 없어!"

왕은 안드로메다를 말렸지만 공주의 결심은 흔들리지 않았어요. 하는 수 없이 케페우스 왕은 바다의 신을 진정시키기 위해 안드로메다를 바위에 쇠사슬로 묶어 놓았어요.

▲ 페르세우스자리 가상도

"내가 교만함에 젖어 그런 말을 하지만 않았어도!"

자신의 허영심 때문에 딸을 죽음으로 몰아넣게 된 카시오페이아 왕비는 자신의 잘못을 후회했어요. 하지만 이미 늦어버린 일이었지요. 케페우스 왕과 왕비는 슬퍼하며 바위 위에 묶인 공주를 혼자 내버려 둔 채 궁으로 돌아와야만 했어요.

한편, 메두사를 퇴치하고 에티오피아의 해안을 지나던 영웅 페르세우스는 바위에 묶인 안드로메다를 발견했어요.

"아니, 저렇게 아름다운 여인이 왜 이런 곳에 묶여 있지?"

천문학과 천문대

천문학은 자연 과학으로는 가장 오랜 역사를 가지고 있어요. 천문학은 하늘의 별을 보고 나라와 개인의 장래를 점치는 점성술에서 출발했어요. 당시 사람들은 눈으로 볼 수 있는 달과 별들을 보고 농사나 종교적 행사의 시기를 결정했어요. 그러다가 과학이 발달하면서 천문학은 점차 점성술과 구분되어 우주와 우주 안에 있는 여러 별을 연구하는 학문으로 자리를 잡았지요. 그리고 천문대란 천문학을 위해 천체 현상을 조직적으로 관측하고 연구하는 시설물을 말해요. 보통 밤하늘의 별을 잘 볼 수 있는 곳의 산 정상 등에 설치되어요.

페르세우스는 가던 길을 멈추고 안드로메다에게 다가갔어요. 그리고 그녀를 묶고 있는 쇠사슬을 풀기 위해 들고 있던 칼을 꺼냈어요.

"무슨 일인지는 모르지만, 제가 그 쇠사슬을 풀어 드리지요."

"아니, 그러지 마세요. 저를 이대로 내버려 두세요."

안드로메다가 슬픈 얼굴로 고개를 저었어요. 분명 그녀가 살려 달라고 할 것이라 생각한 페르세우스는 예상외의 반응에 깜짝 놀랐어요. 그래서 분명 안드로메다에게 무슨 사연이 있다고 생각했지요. 자초지종을 들은 페르세우스는 그녀의 용기와 마음씨에 감동하여 꼭 그녀를 구하겠다고 마음먹었어요.

"조금만 기다려요. 내 꼭 그대를 구하러 다시 찾아올 테니."

페르세우스는 그 길로 당장 케페우스 왕과 카시오페이아 왕비를 찾아갔어요.

"제가 따님을 꼭 구하겠으니, 결혼을 허락해 주십시오."

괴물을 무찌르고 사랑하는 딸의 목숨을 살려 낼 수 있다면 어떤 약속이라도 할 수 있었던 왕과 왕비는 흔쾌히 허락했어요.

페르세우스는 칼과 메두사의 머리를 가지고 다시 해안가로 향했어요. 때마침, 괴상한 소리를 지르며 괴물 고래가 나타났어요. 괴물 고래는 바위에 묶여 있는 안드로메다 공주를 발견하고 달려들었어요. 페르세우스는 재빨리 메두사의 목을 자루에서 꺼내 괴물 고래의 눈앞에 내밀었어요. 메두사의 머리를 본 이는 누구나 돌이 되어 버리지요. 괴물 고래는 거대한 돌덩이가 되어 바닷속 깊숙이 가라앉아 버렸어요.

"정말 저를 구하러 와 주셨군요!"

▲ 신라 시대에 세워진 천문대, 첨성대

▲ 영국의 그리니치 천문대

별을 관측하기 좋은 시간, 박명

박명이란 해 뜨기 전후로 빛이 남아있는 것을 가리키는 말이에요. 천문학에서는 이 박명을 3단계로 나누어요. 첫 번째는 시민박명으로 해 뜨기 전후로 태양 고도가 지평선 아래 6°정도에 있을 때를 말해요. 이때는 눈으로 사물을 구분할 수 있으며 하늘에는 금성이 보이지요.

두 번째는 항해박명으로 태양고도가 지평선 아래 6~12°에 있을 때를 말해요. 밝은 별이 보이기 시작하고 동시에 수평선도 볼 수 있어요. 그래서 뱃사람들이 별을 이용해 항해를 하는데 도움을 받았기에 항해박명이라고 불러요.

마지막 세 번째는 천문박명으로 태양고도가 지평선 아래 12~18°가 될 때를 말해요. 이때 하늘은 상당히 어두워지면서 별을 관측하기 좋은 시간이지요. 그래서 천문박명이라 부르지요.

페르세우스는 안드로메다와 함께 무사히 궁전으로 돌아왔어요. 케페우스 왕은 크게 기뻐하며 두 사람을 위해 성대한 결혼식을 열어 주었어요. 이렇게 해서 페르세우스는 아름다운 안드로메다를 아내로 삼을 수 있었지요.

훗날, 카시오페이아 왕비는 케페우스 왕과 안드로메다, 페르세우스와 더불어 하늘의 별자리가 되었어요. 이 세 별자리는 곧 가족 별자리라 할 수 있겠지요. 하지만 카시오페이아는 허영심에 대한 벌로 하루에 절반을 의자에 거꾸로 앉아 있어야 했어요. 그래서 지금도 카시오페이아자리는 반나절 동안 뒤집어져 있어요.

▲ 가을철 별자리의 기준
페가수스자리

페가수스자리는 하늘을 나는 날개가 달린 천마의 별자리예요. 하늘을 나는 천마 페가수스는 그리스로마 신화에 나오는 동물이에요. 페가수스자리는 가을철 별자리를 찾는 데 기준이 되기도 해요.

별이 된 하늘을 나는 백마

　페가수스는 하늘을 나는 날개 달린 말이에요. 영웅 페르세우스가 바다의 괴물과 싸우기 위해 메두사의 목을 꺼냈을 때 메두사의 피가 바다에 떨어졌어요. 이때 바다의 신 포세이돈이 메두사의 피와 바다의 거품으로 눈처럼 희고 날개가 달린 페가수스를 만들었어요. 이 말이 바로 날개 달린 천마 페가수스예요. 이때까지 페가수스를 길들인 사람은 아무도 없었어요. 누군가 자신의 등에 올라타려 하면 사납게 날뛰며 하늘로 올라가 버렸기 때문이에요.

　이런 페가수스를 유일하게 길들인 사람이 바로 코린토스의 왕 글라우코스의 아들인 벨레로폰이었지요. 코린토스의 왕자로 태어났지만, 사실 그의 실제 아버지는 바다의 신 포세이돈이었어요.

코린토스 왕국에서 쫓겨난 벨레로폰은 아르고스의 왕 프로이토스의 성에 잠시 머무르게 되었어요. 프로이토스의 아내 안테이아 왕비는 벨레로폰을 보고 한눈에 반하고 말았지요. 하지만 벨레로폰은 프로이토스 왕의 은혜를 생각해 왕비의 유혹을 단호하게 뿌리쳤어요. 화가 난 왕비는 프로이토스 왕에게 거짓말을 했지요.

▲ 날개 달린 천마 페가수스의 모습

"왕이시여, 벨레로폰이 저를 유혹하려 했습니다."

왕비의 말에 깜빡 속아 넘어간 프로이토스 왕은 화가 머리끝까지 나서 벨레로폰을 없앨 계획을 세웠어요.

"이 편지를 리키아의 이오바테스 왕에게 전해 주게. 그분은 나의 장인어른이라네."

벨레로폰은 아무것도 모른 채 프로이토스 왕의 편지를 들고 리키아로 갔어요. 리키아의 이오바테스 왕은 편지를 펼쳐 보고 그만 당황했어요.

'이 편지를 들고 온 사람을 없애 주십시오.'

그래서 이오바테스 왕은 벨레로폰에게 괴물 키메라를 처치

자연 위성과 인공위성

항성이 스스로 빛을 내는 별이라면 행성은 항성의 주위를 돌면서 항성의 빛을 받아 반사하는 천체를 말해요. 그리고 위성은 행성의 주위를 도는 천체를 말하지요. 행성인 지구의 대표적 위성이자 유일한 위성은 바로 달이에요. 그러니까 달은 지구 주위를 도는 자연 위성이지요. 흔히 우리가 말하는 인공위성은 사람이 특별한 목적을 위해 만들어 지구 주위를 돌도록 만든 거예요. 역시 지구 주위를 돈다고 위성이라 하고 사람이 만들었으니 자연 위성이 아니라 인공위성이라고 부르는 것이지요. 지구의 자연 위성은 달 하나밖에 없지만 다른 행성들에는 위성이 여러 개가 있는 것도 있어요.

▲ 인공위성

해 달라고 했어요. 키메라는 머리는 사자, 몸은 염소, 거기에 독사의 꼬리까지 지닌 무서운 괴물이에요. 벨레로폰은 차마 부탁을 거절할 수 없어 고개를 끄덕였어요. 하지만 도대체 어떻게 키메라를 죽여야 할지 엄두가 나지 않았지요. 그때 예언자 폴리에이도스가 나타나 말했어요.

"무언가 걱정거리가 있나 보군. 아테나 여신의 신전에서 잠을 자게나."

그날 밤, 벨레로폰은 아테나 여신의 신전에서 잠을 청했어요. 그러자 꿈속에서 아테나 여신이 나타나 말했어요.

"벨레로폰이여, 키메라를 잡기 위해서는 페가수스의 도움을 받아야 한다. 그러나 페가수스는 워낙 사나워 그대 혼자서는 길들일 수 없을 것이다. 내 그대에게 황금 고삐를 줄 테니, 페가수스와 함

▲ 지구와 지구의 자연 위성 달

▲ 지구를 도는 인공위성의 모습

께 키메라를 물리치도록 해라."

벨레로폰은 깜짝 놀라 잠에서 깨어났어요. 그런데 자신의 손에 정말 황금 고삐가 쥐어져 있었어요. 벨레로폰은 페가수스를 찾아갔어요. 그리고 벨레로폰이 황금 고삐를 내밀자, 페가수스는 얌전히 벨레로폰에게 자신의 등을 내어 주었어요. 이렇게 해서 벨레로폰은 페가수스를 탈 수 있게 되었어요.

키메라의 무시무시한 불꽃도 하늘을 나는 페가수스 앞에서는 무용지물이었어요. 벨레로폰은 페가수스의 도움을 받아 무사히 키메라를 물리칠 수 있었어요.

"키메라를 정말 처치할 줄이야!"

깜짝 놀란 이오바테스 왕은 벨레로폰에게 다른 과제들을 주었어요. 벨레로폰은 페가수스를 타고 모든 과제를 문제없이 처리해 냈어요. 그러자 이오바테스 왕은 벨레로폰이 신의 사랑을 받는 것이라 생각하고, 자신의 딸과 결혼시켰어요.

행복한 나날을 보내던 벨레로폰은 황금 고삐와 페가수스를 믿고 점점 거만해져 갔어요.

"흥, 하늘을 나는 페가수스만 있다면 이 세상에 나를 막을 사람은 아무도 없지!"

급기야 벨레로폰은 페가수스를 타고 신들이 사는 올림포스에 올라가려 했어요. 이 모습을 본 제우스는 크게 분노하여 등에 한 마리를 보냈어요. 등에에 쏘인 페가수스는 깜짝 놀라 날뛰다 그만 벨레로폰을 떨어뜨리고 말았어요. 땅으로 떨어진 벨레로폰은 다행히 목숨은 건졌지만, 다리가 부러지고 장님이 되는 큰 부상을 입었어요.

"페가수스!"

그는 자신을 두고 사라진 페가수스를 불렀지만, 하늘로 올라간 페가수스는 다시 돌아오지 않았어요. 페가수스를 잃은 벨레로폰은 평범한 사람이 되어 외롭게 떠돌다 죽고 말았어요. 한편 하늘로 올라간 페가수스는 그대로 하늘의 별이 되어 오늘날까지 반짝이고 있어요.

세계 최초의 인공위성, 스푸트니크 1호

1957년 10월 4일, 지금의 러시아인 소련은 미국보다 앞서 세계 첫 인공위성인 스푸트니크 1호를 쏘아 올리는 데 성공해요. 이때는 미국과 러시아가 서로 원수처럼 지내던 냉전 시대였지요. 그래서 우주 개발도 서로 자존심을 걸고 엄청나게 경쟁했어요. 하지만 우주 경쟁에서는 계속 러시아가 한 발 앞서 나갔어요. 미국도 부랴부랴 준비를 하여 1958년 1월 31일 인공위성 익스플로러 1호를 지구 상공에 띄워 올리는 데 성공했어요. 그로부터 수십 년이 지난 지금 수많은 인공위성이 여러 과학적 목적으로 지구를 돌고 있어요.

▲ 스푸트니크 1호

겨울의 별자리

겨울의 밤하늘은 다른 계절보다 밝고 큰 별을 가진 별자리가 아주 많아요. 그래서 가장 많은 1등성을 볼 수 있지요. 겨울철에는 만나는 대표적인 별자리로는 황소자리, 오리온자리, 마차부자리, 쌍둥이자리 등이 있어요.

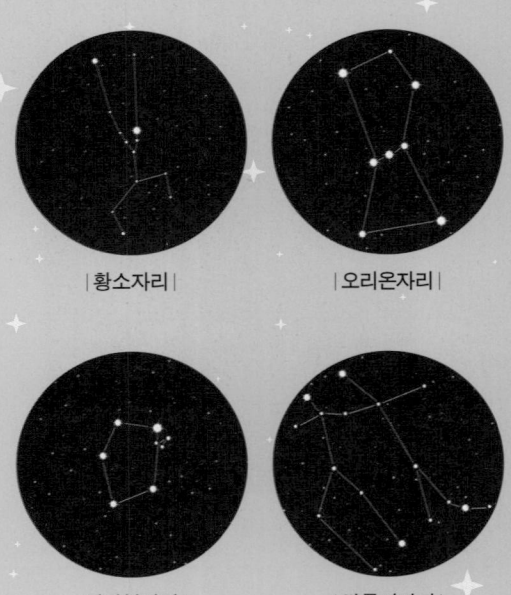

|황소자리| |오리온자리|

|마차부자리| |쌍둥이자리|

가장 먼저 겨울을 알리는
마차부자리

마차부자리는 겨울 별자리들 중에서도 가장 먼저 겨울을 알리는 별자리로 은하수 속에 자리 잡고 있어요. 사실 마차부자리는 북쪽에 위치해 있기 때문에 초겨울에서 이른 봄까지 아주 오랫동안 볼 수 있는 별자리예요. 마차부는 말을 이용해 마차나 수레를 모는 사람을 말해요.

사랑에 눈먼 공주

"미르틸로스! 내일 또 전차 경기가 있으니 마차를 잘 손질해 두어라."

오이노마오스 왕이 자신만만하게 미르틸로스에게 명령했어요. 미르틸로스는 왕이 사용하는 마차를 관리하는 마부였어요. 내일 경기가 있다는 걸 보니 또 다시 히포다메이아 공주에게 청혼한 겁 없는 사람이 있는 모양이었어요. 미르틸로스는 한숨을 내쉬며 마차의 못을 조였어요.

미르틸로스가 모시는 오이노마오스 왕에게는 아름다운 히포다메이아라는 딸이 있었어요. 공주가 아름답다는 소문을 듣고 세계 곳곳에서 공주와 결혼하고 싶어 하는 젊은이들이 오이노마오스 왕 앞에 나타났지요. 하지만 왕은 쉽사리 허락하지 않았어요. 왕은 딸에게 청혼하는 자에게 무조건 마차 경주를

세계 최초의 우주견, 라이카

스푸트니크 1호를 성공시킨 러시아 과학자들은 스푸트니크 2호에는 생명체를 태워 보기로 했어요. 하지만 그때는 우주 공간에서 사람이 살 수 있을지 없을지가 검증되지 않았어요. 그래서 사람 대신 동물을 태워 보내기로 했지요. 그래서 세계 최초의 우주견으로 라이카라는 이름을 가진 개가 뽑혔어요. 스푸트니크 2호를 탄 라이카는 우주여행을 하다가 숨을 거두고 말았어요.

제안했어요. 자신이 지면 딸을 내주고, 청혼자가 지면 목숨을 내놓는다는 조건이었어요. 왕은 마차 경주에 자신이 있었어요. 솜씨 좋은 미르틸로스가 관리하는 멋진 마차와 세상에서 가장 잘 달리는 말들이 있었으니까요. 왕에게 도전했던 젊은이들은 번번이 왕에게 져 죽임을 당했어요. 오이노마오스 왕이 이렇게까지 해서 딸을 결혼시키지 않으려는 이유는 따로 있었어요. 바로 신탁 때문이었어요.

"왕께서는 앞으로 사위가 될 사람 때문에 죽임을 당할 것입니다."

신탁의 내용이 이렇다 보니 오이노마오스 왕은 사위를 맞이하고 싶지 않았어요. 그렇게 몇 명의 젊은이들이 가차 없이 죽임을 당하자, 한동안 공주에게 청혼하러 오는 이는 없었어요.

그러던 어느 날이었어요. 드디어 한 명의 도전자가 나타났어요. 바로 탄탈로스 왕의 아들인 펠롭스 왕자였어요. 펠롭스는 두 마리의 날개가 달린 말이 끄는 화려한 황금 마차를 타고 나타났어요. 이 말과 마차는 포세이돈 신이 선물해 준 것이었지요. 신에게 말과 마차도 받았고, 말을 잘 몰 수 있는 방법까지 배웠으니 펠롭스는 겁날 것이 없었어요.

"오이노마오스 왕이여, 히포다메이아 공주와 결혼하고 싶습니다."

펠롭스는 궁전에 도착하자마자 왕에게 도전을 청했어요. 히포다메이아 공주는 펠롭스의 늠름한 모습에 마음을 뺏기고 말았어요. 지금까지 보았던 그 어떤 청년보다 멋있었지요. 히포다메이아는 펠롭스와 꼭 결혼하고 싶었어요.

"저렇게 멋진 분을 그냥 죽게 만들 순 없어."

히포다메이아 공주는 어떻게 하면 펠롭스 왕자를 살릴 수 있을까 고민하다

지구는 푸른빛이었다!

1961년 4월 12일 지구에서 처음으로 사람을 태운 우주선이 하늘로 발사되었어요. 사람이 탄 우주선을 유인 우주선이라고 부르지요. 이 역시 지금의 러시아인 소련이 미국보다 먼저 성공했어요. 이 우주선의 이름은 보스토크호였고 세계 최초의 우주 비행사 이름은 유리 가가린이었어요. 보스토크는 러시아 말로 동쪽이라는 뜻이에요. 유리 가가린을 태운 세계 최초의 유인 우주선 보스토크호는 1시간 29분 만에 지구 하늘을 한 바퀴 돌았어요. 인간 최초로 멀리서 지구를 볼 수 있었던 유리 가가린은 사람들이 소감을 묻자 "지구는 푸른빛이었다"라는 말을 남겼지요. 지구는 지구를 둘러싸고 있는 바다와 공기 때문에 푸른색을 띠고 있어요.

▲ 푸른빛을 띤 지구의 모습

태양의 표면에 있는 흑점

태양의 표면에는 흑점이 있어요. 주변보다 온도가 낮은 부분이 매우 어둡게 보이는 현상을 흑점이라고 해요. 태양에는 1500km에서 약 10만 km에 이르는 다양한 지름의 흑점이 있는데, 11.2년을 주기로 흑점의 수가 늘어났다가 줄어들었다 해요. 흑점이 있는 곳에는 홍염도 같이 나타나는 편인데 홍염은 태양의 가장자리에 있는 불꽃 모양의 가스로, 매우 강렬한 붉은빛을 띠고 있지요. 홍염은 수명이 길고 안정적인 정은역 홍염과 짧은 시간 동안만 나타나는 활동영역 홍염으로 나뉘어요.

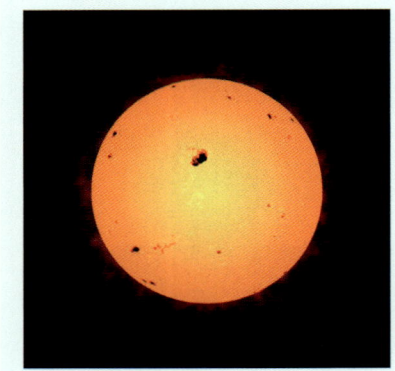

▲ 태양의 표면에 있는 흑점

가 왕의 마부인 미르틸로스에게 찾아갔어요.

"미르틸로스, 아버지 마차의 바퀴를 쉽게 빠지게 해서 경기에 지도록 해 주세요. 부탁이에요."

미르틸로스는 평소 히포다메이아 공주를 몰래 좋아하고 있었어요. 하지만 자신의 마음을 차마 공주에게 털어놓을 수는 없었지요. 공주의 부탁을 들어주고 싶었던 미르틸로스는 잠시 망설이다가 못이기는 척 고개를 끄덕였어요. 그리고 시합 전날, 오이노마오스 왕의 마차 바퀴에서 철로 된 나사 못을 하나 뺐어요. 그리고 열에 잘 구부러지는 납으로 못을 만들어 다시 박아 놓았어요.

다음 날, 오이노마오스 왕과 펠롭스 왕자의 경기가 시작되었어요. 아무것도 모르는 오이노마오스 왕은 말을 향해 채 찍을 내리쳤어요. 히포다메이아 공주는 떨리는 마음으로 두 사람의 시합을 지켜보았지요.

처음에는 오이노마오스 왕이 앞서 나가기 시작했어요. 왕은 점점 더 기세를 몰아 빠르게 달려 나갔어요. 어느새 펠롭스의 황금 마차는 저 멀리 뒤처지고 말았어요. 오이노마오스 왕이 껄껄 웃으며 외쳤어요.

"하하하, 어떠냐! 너 같은 건 아직 내 상대가 못 된다!"

그 순간, 오이노마오스 왕의 마차에 박혀 있던 납으로 만든 못이 녹아내리고 말았어요. 너무 빨리 달린 나머지 그 열기를 이기지 못한 것이에요. 못이 녹아 없어지자, 왕의 마차에서 바퀴 하나가 또르르 굴러 빠져나가 버렸어요. 결국 오이노마오스 왕의 마차는 그대로 뒤집어지고 말았어요. 마차와 함께 나가떨어진 왕은 그만 그 자리에서 목숨을 잃었어요.

경주에서 이긴 펠롭스는 히포다메이아 공주와 결혼을 하고 왕이 되었어요. 하지만 히포다메이아의 마음속에는 아버지를 죽게 했다는 죄책감이 있었지요. 일이 이렇게 되자 미르틸로스는 못된 마음을 먹고 히포다메이아를 괴롭히기 시작했어요.

"저에게 마차 바퀴를 빼 달라고 부탁하신 걸 모두에게 밝히

▲ 토성의 모습. 수많은 고체 알갱이들이 마치 위성처럼 토성의 주위를 돌고 있는데, 그 모양이 꼭 고리처럼 보인다.

고 말겠습니다."

히포다메이아는 차마 펠롭스에게 이 일을 털어놓지 못한 채 혼자 괴로워했어요. 하지만 이 일은 곧 펠롭스 왕의 귀에 들어갔지요. 미르틸로스의 행동이 비겁하다고 생각한 펠롭스는 미르틸로스를 없애 버리기로 했어요. 그래서 마차를 타고 위태로운 절벽을 지나가던 미르틸로스를 그대로 밀어 바다에 빠뜨려 버렸지요. 미르틸로스는 마차와 함께 깊은 바다로 가라앉았어요. 미르틸로스가 빠져 죽은 바다를 미르톤 해라고 부르는데 미르틸로스의 이름에서 따온 것이지요.

　이 모습을 본 전령의 신 헤르메스는 미르틸로스의 죽음을 슬퍼하며 하늘의 별자리로 만들었어요. 사실 미르틸로스는 헤르메스가 인간 여인과 사랑해서 낳은 아들이었기 때문이에요. 이 별자리는 겨울 별자리 중에서도 가장 먼저 겨울을 알리는 별자리예요. 전령의 신이었던 아버지 헤르메스에게 영향을 받은 건지도 모르지요.

겨울철 쉽게 볼 수 있는
큰개자리

큰개자리는 겨울철 저녁 하늘에서 쉽게 볼 수 있는 별자리예요. 큰 개는 사냥꾼 오리온을 따라다니는 두 마리의 개 중 한 마리예요. 큰개자리의 알파별을 시리우스Sirius라고 해요. 시리우스는 큰개자리 별들 중에 가장 새파랗게 빛나지요. 큰개자리가 있으니 물론 작은개자리도 있어요. 작은개자리는 큰개자리 바로 위에 있어요.

돌이 되고 만 개

프로크리스는 아르테미스를 따르는 요정 중 하나였어요. 프로크리스 역시 남자를 가까이하지 않겠다는 맹세를 아르테미스에게 해야 했어요.

어느 날이었어요. 아르테미스의 숲을 거닐던 프로크리스는 한 청년을 보았어요. 케팔로스라는 이름의 청년으로 정말 멋있었지요. 프로크리스는 그만 한눈에 반하고 말았어요. 케팔로스 역시 아름다운 프로크리스를 보는 순간 사랑에 빠졌어요.

두 사람은 함께 행복한 시간을 보냈어요. 하지만 프로크리스의 마음은 점점 무거워져만 갔어요. 남자를 가까이하지 않겠다는 아르테미스와의 맹세를 어겼기 때문이지요.

'아르테미스님께 사실대로 털어놓아야 할까? 그럼 분명히 엄청 화를 내실 거야. 무서운 벌을 내리실지도 모르고……'

인류, 달 착륙에 성공하다

미국은 우주 개발에서 러시아에게 밀리자 자존심이 엄청나게 구겨졌어요. 그래서 구겨진 자존심을 되찾으려고 우주 개발 계획인 아폴로 계획을 발표했어요.

그 계획은 1960년대가 끝나기 전에 사람이 달나라에 갔다가 무사히 돌아오는 계획이었어요. 이 계획은 미국의 제35대 대통령인 존 에프 케네디 대통령이 발표했어요. 드디어 1969년 미국인 세 사람을 태운 아폴로 11호가 달 착륙에 성공을 했어요. 그 세 사람은 닐 암스트롱, 에드윈 올드린, 마이클 콜린즈였어요. 그리고 모두 무사히 귀환을 했지요. 그 이후로 우주 과학은 지속적으로 발전하여 오늘날에 이르고 있어요. 아폴로 11호의 선장 닐 암스트롱은 달 착륙 소감을 묻는 사람들에게 이렇게 말했어요.

"오늘 나는 작은 발걸음을 내디뎠지만 인류에게는 위대한 발걸음이 되었을 것입니다"

아르테미스는 맹세를 어긴 요정들을 절대 용서하는 법이 없었어요. 칼리스토 역시 아르테미스가 아끼는 요정이었지만, 제우스의 아이를 가져 곰이 되고 말았지요.

'그래도 역시 아르테미스님께 사실대로 이야기하자.'

프로크리스는 굳은 결심을 하고 아르테미스 앞에 나아갔어요.

"아르테미스님, 드릴 말씀이 있습니다."

"그래, 이야기해 보거라."

"저는 여신님을 모실 요정의 자격이 없습니다. 남자를 가까이하지 않겠다는 맹세를 어기고 그만 한 청년을 사랑하게 되었습니다. 벌을 내리신다면 달게 받겠습니다."

말을 마친 프로크리스는 고개를 숙였어요. 벌을 받겠다고는 했지만, 아르테미스가 어떤 혹독한 벌을 내릴지 생각만 해도 무서웠어요. 떨고 있는 프로크리스를 바라보며 아르테미스가 입을 열었어요.

"맹세를 어기긴 했지만, 거짓말하는 대신 사실대로 이야기하니 참으로 기특하구나. 내가 너의 맹세를 거두어 줄 테니 청년과 함께 숲을 나가 행복하게 살도록 해라."

"아르테미스님! 정말 감사합니다."

프로크리스는 전혀 예상치 못한 아르테미스의 말에 기뻐 어쩔 줄 몰랐어요. 그것만이 아니었어요. 아르테미스는 케팔로스가 사냥을 좋아한다는 것을 알고 프로크리스에게 사냥개 한 마리를 선물했어요.

"이 사냥개의 이름은 라이라프스다. '질풍'이라는 뜻의 이름처럼 엄청 빠르게 달리는 개지. 라이라프스가 잡지 못할 동물은 아마 세상에 없을 것이다. 네 연인의 사냥을 도와줄 것이다."

프로크리스는 라이라프스를 케팔로스에게 주었어요. 라이라프스는 달과 수렵의 여신 아르테미스의 사냥개였던 만큼, 무척이나 빠른 속도를 자랑했어요. 어찌나 빠르게 달리는지 눈에 잘 보이지도 않을 정도였지요.

그러던 어느 날이었어요. 테베에서 한 사냥꾼 무리가 두 사

▲ 달 착륙에 성공한 아폴로 11호와 우주인들

람을 찾아왔어요.

"얼마 전 테베에 여우 한 마리가 나타난 것은 알고 계시지요?"

프로크리스와 케팔로스는 고개를 끄덕였어요. 테베에 나타난 여우 때문에 사람들이 골치를 앓고 있다는 이야기는 이미 들어 알고 있었어요. 사실 테베에 나타난 여우는 테베의 산신 테우메소스가 내려보낸 것이었어요. 테우메소스는 사냥꾼들이 산의 동물을 마구 잡아 버리는 것이 못마땅했어요. 그래서 사냥꾼들에게 본때를 보여 주기 위해 아주 빠르게 달리는 여우를 보낸 것이에요. 사람들은 이 여우를 '테우메소스의 여우'라 불렀어요. 속도가 어찌나 빠른지, 화살을 아무리 쏘아도 소용이 없었지요. 사냥꾼들은 여우를 어떻게 해야 물리칠 수 있는지 신탁을 물었어요. 신탁은 '이 여우는 인간 세상의 그 어떤 사냥개도 따돌릴 수 있는 신통한 여우'라고 말했지요.

사냥꾼들은 낙심하고 말았어요.

"인간 세상의 사냥개를 모조리 따돌릴 수 있다면, 이 여우를 잡을 방법은 없다는 것 아니요?"

그때 한 사냥꾼이 입을 열었어요.

"케팔로스에게 라이라프스라는 사냥개가 있다고 들었습니다. 그 이름만큼이나 정말 빠르게 달리는 개라고 하더군요. 아르테미스 여신이 준 사냥개이니 분명 테우메소스의 여우를 물리칠 수 있을 것입니다."

그래서 사냥꾼들은 두 사람을 찾아온 것이에요. 사냥꾼들의 이야기를 들은 케팔로스는 라이라프스를 데리고 테베로 함께 떠났어요. 라이라프스가 얼마나 빠른지 그 속도를 시험해 볼 수 있는 좋은 기회라 여겼지요.

"라이라프스, 너는 지금부터 테베의 여우를 잡아야 한다."

케팔로스의 지시를 받은 라이라프스는 쏜살같이 내달렸어요. 사람들이 볼 수 있는 것이라곤 땅에 남은 희미한 발자국뿐이었지요. 테우메소스의 여우를 만난 라이라프스는 무서운 기세로 쫓아가기 시작했어요. 라이라프스가 여우의 꼬리를 물려고 할 때마다, 여우는 이리저리 방향을 바꾸며 교묘히 빠져나갔

▲ 우주 왕복선의 발사 모습

어요. 라이라프스와 여우의 쫓고 쫓기는 싸움은 계속되었어요.

한편 올림포스에서 이 광경을 내려다보던 제우스는 매우 난처했어요. 아르테미스는 제우스의 딸이었고, 테베의 산신 테우메소스는 제우스가 무척 아끼는 신이었기 때문이에요. 테우메소스의 여우가 이긴다면 아르테미스가 화를 낼 것이고, 라이라프스가 이긴다면 사냥꾼들을 엄벌하기 위해 여우를 보낸 테우메소스의 위엄이 제대로 서지 않은 것이기 때문이에요.

"누가 이겨도 문제니 이를 어쩐다?"

고민하던 제우스는 테우메소스와 아르테미스, 두 신의 원망을 모두 듣지 않는 방법을 생각해 냈어요. 바로 사냥개 라이라프스와 테우메소스의 여우를 모두 돌로 만들어 버리는 것이었어요. 서로 정신없이 달리던 사냥개와 여우는 순간 딱딱한 돌이 되어 굳어지고 말았어요.

자신이 기르던 사냥개가 돌이 되었다는 이야기를 들은 아르테미스는 제우스를 찾아가 부탁했어요.

"라이라프스가 돌이 되었지만 테우메소스의 여우를 열심히 쫓았다고 들었습니다. 라이라프스를 하늘의 별로 만들어 주세요."

제우스는 기꺼이 아르테미스의 부탁을 들어주었어요. 돌이 된 라이라프스는 하늘로 올라가 별이 되었어요. 바로 이 별이 큰개자리에요.

어깨동무를 하고 있는
쌍둥이자리

쌍둥이자리는 오리온자리의 머리 쪽에 위치하고 있어요. 옛날에는 쌍둥이자리를 천국으로 들어가는 문기둥자리라고 하기도 했어요. 쌍둥이자리에는 명왕성이 있는데 1930년 미국의 톰보라는 사람이 발견했어요. 명왕성은 2006년 8월 행성 지위를 박탈당하고 지금은 왜행성으로 분류되었어요. 이 별자리는 목숨을 버려 가면서까지 형제애를 보여 준 쌍둥이 형제 카스토르와 폴룩스의 이야기를 담고 있어요.

삶도 죽음도 함께한 형제

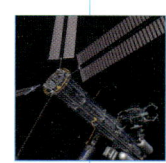

알에서 함께 태어난 쌍둥이 형제 카스토르와 폴룩스가 있었어요. 형인 카스토르와 동생인 폴룩스는 신들의 왕인 제우스와 스파르타 왕비 레다의 아들이었어요.

제우스가 백조로 변해 레다를 만났기 때문에 이렇게 신비하게 알에서 태어난 것이에요. 그런데 이상하게도 동생 폴룩스는 신과 같이 영원히 죽지 않는 몸을 가졌지만 형인 카스토르는 그러지 못했어요. 그래도 쌍둥이 형제는 언제나 사이좋게 한 몸처럼 함께했어요.

그러던 어느 날 항구에서 시간을 보내던 형제는 우연히 참나무 벽에 붙은 벽보를 보게 되었어요.

'이아손과 함께 황금 양가죽을 찾으러 떠날 사람을 찾습니다!'

그것은 이아손이 자신과 함께 모험을 떠날 대원을 모집하는

우주 왕복선과 우주 정거장

우주 왕복선이 만들어지기 전까지 우주선은 만들면 한 번밖에 사용하지 못했어요. 그러니 비용 낭비가 엄청났지요. 요즘은 우주 비행사들이 우주 왕복선을 타고 수시로 지구 상공을 날아오르고 있어요. 우리나라 최초의 우주 비행사인 이소연이 탄 것도 바로 우주 왕복선이에요.

그리고 우주 정거장이란 말 그대로 우주여행을 하다가 쉴 수 있는 휴게소를 말하는 것이에요. 고속도로에 있는 휴게소처럼 말이에요. 이 우주 정거장을 처음으로 제안한 사람은 러시아의 과학자 콘스탄틴 치올코프스키예요. 하늘을 나는 비행기조차 아직 없었던 시절인지라 사람들은 그를 미쳤다고 생각했어요. 하지만 지금은 우주 정거장뿐만 아니라 달이나 화성에 우주 도시를 세우는 계획도 꾸준히 진행되고 있어요.

벽보였어요. 평소에 멋진 영웅들과 함께 모험하고 싶어 하던 형제는 지원하기로 했어요.

"우리 함께 새로운 모험을 떠나 보자!"

동생 폴룩스는 뛰어난 싸움 실력을 지녔고, 형 카스토르는 사나운 말을 아주 잘 길들일 수 있었어요. 그래서 둘은 쉽게 이아손의 아르고호 대원으로 뽑혔지요.

"닻을 올려라! 황금 양가죽을 찾아서!"

이아손이 소리치자 배는 드넓은 바다로 나아갔어요. 쌍둥이 형제와 대원들이 탄 아르고호는 특별한 배였어요. 지혜의 여신 아테나가 만들어 주었기 때문이에요. 이아손을 도와주기로 한 아르고호의 대원들 중에는 힘센 영웅 헤라클레스와 음악의 천재 오르페우스도 있었어요.

배는 평온하게 바다 위를 나아갔고 며칠 동안 별다른 일 없이 시간이 흘렀어요. 그런데 바다 한가운데에 다다르자 갑자기 거센 폭풍이 일어나기 시작했어요. 배는 심하게 흔들렸고 배에 탄 모든 이들은 겁이 났지요.

"모두들 침착하세요! 제가 음악으로 폭풍을 잠재워 보겠습니다."

이때 오르페우스가 리라를 연주했어요. 그의 연주가 얼마나 곱고 아름답던지 사람들은 폭풍도 잊고 빠져들었어요. 특히 카스토르와 폴룩스가 연주에 크게 감동받고 마음을 편안하게 다스렸지요. 그러자 그 순간 밤하늘의 별들이 쌍둥이 형제 머리 위로 몰려와 반짝이며 폭풍을 잠재워 주었어요. 이후 쌍둥이 형제는 항해자와 모험가의 수호신으로 여겨졌어요.

이아손과 영웅들은 콜키스에서 황금 양가죽을 찾아 모험을 마치고 무사히 돌

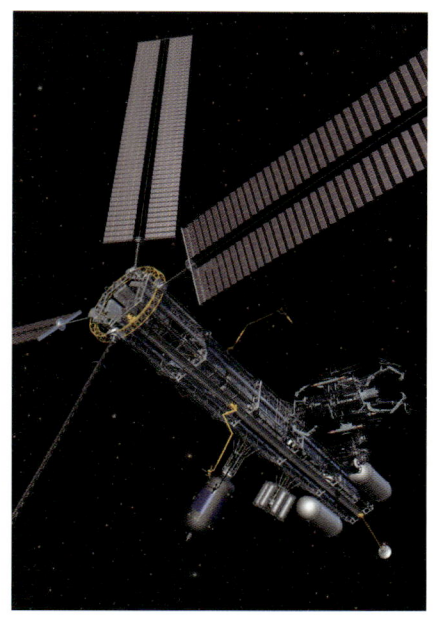

▲ 우주 정거장

▲ 우주 왕복선

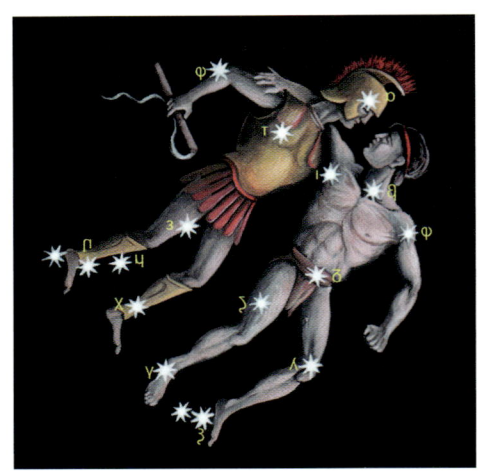

▲ 쌍둥이자리 가상도

아왔어요.

시간이 흘러 쌍둥이 형제는 아름다운 자매와 사랑에 빠졌어요. 그런데 또 다른 쌍둥이 형제가 있었어요. 그들의 이름은 린케우스와 이다스였어요. 이들도 똑같이 그 자매를 좋아하게 되었어요.

"싸움에서 지는 쪽이 포기하기로 하자!"

"흥, 우리가 질 줄 알고?"

두 쌍둥이들은 아름다운 자매를 두고 불꽃 튀는 싸움을 벌였어요. 그러다 그만 형 카스토르가 린케우스의 칼에 찔려 죽고 말았어요. 폴룩스는 형을 잃은 슬픔에 그 자리에서 울면서 눈물을 멈추지 않았어요.

"카스토르 형!"

폴룩스는 형을 그리워하며 신들에게 자신을 형의 곁으로 보내 달라고 빌고 또 빌었어요.

"저에게 생명을 주신 아버지! 제발 저의 부탁을 들어주세요.

영원히 죽지 않는 저의 생명을 거두어 저를 형의 곁으로 보내 주세요."

쌍둥이 형제의 아름다운 우애는 아버지 제우스를 비롯한 올림포스의 신들을 감동시켰어요. 제우스는 폴룩스의 소원을 들어주기로 결심했어요.

"아들아! 너의 소원대로 카스토르와 함께 지내도록 해 주마."

제우스는 두 형제의 깊은 우애를 높이 평가하여, 카스토르와 폴룩스를 하늘에 올려 주었어요. 서로를 누구보다 아끼고 위했던 두 형제는 이렇게 하늘에서도 별자리가 되어 함께하게 되었어요.

봄을 알리는 겨울 별자리
게자리

겨울밤을 수놓던 별들이 서쪽 하늘로 물러나면 동쪽 하늘에 봄을 맞이하는 별들이 찾아와요. 게자리는 바로 봄을 알리는 별자리로 겨울밤 별자리와 봄밤 별자리 사이에서 은은하게 빛나고 있어요. 그래서 게자리를 겨울의 마지막 별자리이자 봄의 첫 별자리라고 해요. 하지만 게자리는 밝은 별자리가 아니라서 찾기가 쉽지 않아요. 게자리는 그리스로마 신화의 헤라클레스와 헤라의 이야기를 담고 있어요.

고래 싸움에 새우 등 터진 게

　제우스와 인간 여인 알크메네 사이에서 태어난 헤라클레스는 용감한 영웅이에요. 그런데 제우스의 아내인 여신 헤라는 질투심이 강해서 제우스와 다른 여인의 사이에서 태어난 모든 자녀들을 미워했어요. 헤라클레스도 예외는 아니었어요.

　"무슨 방법으로 헤라클레스를 괴롭히지?"

　헤라클레스가 아직 젖먹이 아기였을 때의 일이에요. 헤라는 어린 헤라클레스를 죽이기 위해 아기가 자는 방에 뱀 두 마리를 집어넣었어요. 그러나 헤라클레스는 뱀을 무서워하기는커녕 맨손으로 뱀을 목 졸라 죽였어요. 헤라클레스는 제우스의 뛰어난 힘과 씩씩한 용기를 물려받았던 거예요.

　헤라의 미움은 헤라클레스가 성장할수록 더 심해졌어요. 그러던 차에 헤라클레스가 술에 취해 그만 잘못을 저지르고 말았

달에는 왜 물과 공기가 없을까?

처음에는 달에도 지구처럼 공기가 아주 넉넉하게 있었다고 해요. 하지만 이렇게 많았던 공기가 모두 사라져 버렸어요. 왜냐하면 끌어당기는 힘, 중력이 약하기 때문이라고 해요. 지구와 비교해 보면 달의 중력은 지구보다 6배 가량이나 약하다고 해요. 이렇게 끌어당기는 힘이 약해서 공기가 모두 우주 공간으로 달아나 버렸지요. 그래서 이제는 공기가 하나도 없는 거예요. 그리고 물은 공기 중의 산소와 수소로 만들어지는데 공기가 없으니 산소와 수소로 물을 만들 수 없는 것이지요. 만약 우리 지구도 어느 날 갑자기 달처럼 인력이 약해져서 모든 공기가 대기권 밖으로 달아나 버리면 사람은 어떻게 될까요? 생각만 해도 끔찍한 일이에요.

어요. 그러자 헤라는 헤라클레스를 에우리테우스 왕의 노예로 보내 그가 내리는 임무를 수행하게 했어요. 헤라클레스는 죄를 용서받기 위해 에우리테우스 왕이 내리는 열두 가지 과업을 해결해야만 했지요. 이 과업은 보통 인간의 힘으로는 해결하기 어려운 것들이었어요. 첫 번째 과업은 네메아의 황금 사자를 잡는 것이었지요. 헤라는 헤라클레스가 과연 임무를 잘 수행할 수 있을지 올림포스에서 지켜보고 있었어요. 시간이 갈수록 모든 것이 헤라클레스에게 유리하게 돌아가자 헤라는 점점 초조해졌어요.

"저러다 모든 과제를 성공하면 어쩌지?"

헤라클레스는 보란 듯이 첫 번째 과제를 성공하고 두 번째 과제가 있는 레르네 늪으로 갔어요. 그곳에는 괴물 바다뱀 히드라가 기다리고 있었지요. 히드라는 아홉 개의 머리를 가지고 입에서는 강한 독을 뿜어내는 위험한 괴물이었어요. 헤라클레스는 히드라를 잡기 위해 레르네 늪에서 30일에 걸친 대혈투를 벌였어요. 하지만 히드라의 머리는 하나를 베어 내면 두 개가 되어 도저히 이길 수가 없었어요. 헤라클레스는 곰곰이 생각했어요.

"어떻게 하면 저 히드라를 물리칠 수 있을까?"

드디어 방법을 알아낸 헤라클레스는 조카를 시켜 자신이 히드라의 목을 베면 바로 그 자리를 불로 지지게 했어요. 헤라클레스가 히드라의 머리를 칼로 자르면 조카가 재빨리 횃불로 지져 버렸지요. 그러자 더 이상 괴물의 머리가 생겨나지 않았어요.

"됐어!"

토끼가 달에서 방아를 찧게 된 이유

오랜 옛날, 하늘나라에서 큰 소동이 벌어졌어요. 하늘나라에만 있는 먹으면 죽지 않는다는 불사약을 도둑맞은 것이지요. 화가 난 옥황상제는 아무리 도둑을 잡으려고 했지만 잡을 수가 없었어요. 그래서 결국 불사약을 다시 만드는 수밖에 없었어요. 고민하던 옥황상제는 아무도 찾을 수 없는 달에서 모두가 잠든 밤에 불사약을 만들기로 했어요. 불사약을 만들 동물로 토끼를 뽑았어요. 옥황상제는 토끼에게 방아를 주어 달로 보내 불사약을 만들도록 했어요. 그리고 토끼가 시원하게 방아를 찧도록 계수나무도 심어 주었지요. 그래서 토끼는 지금도 달에 있는 계수나무 아래서 불사약을 만들기 위해 열심히 방아를 찧고 있어요.

헤라클레스를 지켜보던 헤라는 화가 나기 시작했어요. 그래서 히드라를 돕기 위해 게 한 마리를 보냈어요. 헤라의 명령을 받은 게는 히드라와 싸우고 있는 헤라클레스에게 살금살금 다가가 그의 발가락을 힘껏 물었지요.

"으악!"

헤라클레스가 깜짝 놀라 아픈 발을 쳐다보니 게 한 마리가 집게로 자신의 발가락을 물고 있었어요. 화가 난 헤라클레스는

▲ 지구에서 천체 망원경으로 관찰한 달의 표면

게를 밟아 버렸어요. 짓밟힌 게는 그대로 한쪽 집게가 부러진 채 죽고 말았지요.

방해물이 사라진 헤라클레스는 계속 싸웠어요. 어느덧 히드라의 마지막 머리 하나만 남게 되었어요. 헤라클레스는 잽싸게 칼을 날렸어요. 그런데 마지막 남은 머리가 돌처럼 단단하여 꿈쩍도 하지 않았어요. 결국 헤라클레스는 깊이 땅을 파서 히드라를 통째로 묻은 다음, 무거운 돌로 눌러 버렸지요. 그리고 히드라의 독을 자신의 화살에 묻혀 두었어요. 이 독화살은 헤라클레스가 앞으로 남은 임무를 수행하는 데 더없는 도움이 되었어요.

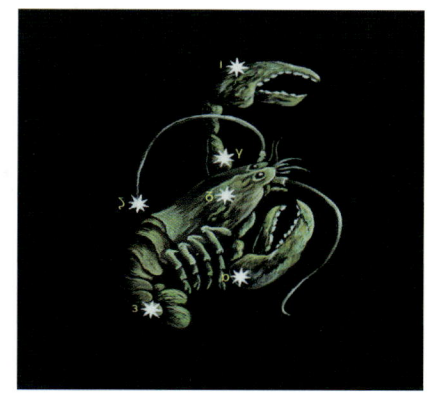

▲ 게자리 가상도

히드라를 물리치고 돌아온 헤라클레스는 마을 사람들에게 영웅으로 떠받들어졌어요. 제우스는 아들의 용맹함을 기념하기 위해 바다뱀과 함께 게를 별자리로 만들어 주었어요.

겨울철이면 뱀의 머리위에서 은은하게 빛나는 별자리가 바로 한쪽 집게가 없는 불쌍한 게자리예요.

겨울철을 수놓는 대표적 별자리
황소자리

황소자리는 황도 12궁으로 겨울을 대표하는 별자리 중 하나예요. 겨울밤 높은 하늘에서 뿔을 힘껏 내밀고 서 하늘을 달릴 것만 같은 황소의 모습을 하고 있어요. 황소자리에는 신들의 왕 제우스와 아름다운 에우로페의 이야기가 담겨 있어요. 밤하늘에서 쉽게 찾을 수 있는 별자리예요.

천상에서 가장 위대한 흰 소

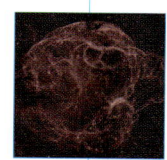

먼 옛날 지중해의 어느 나라에 이게노르라는 왕이 있었어요. 이게노르 왕은 세 명의 아들 그리고 외동딸인 에우로페와 함께 살고 있었지요. 에우로페는 뛰어난 아름다움으로 다른 나라에서도 유명했어요.

그러던 어느 날 제우스는 잠시 올림포스에서 내려와 한가롭게 산책을 하고 있었어요. 그때 산속에서 친구들과 이야기를 나누며 즐겁게 웃고 있는 에우로페를 보게 되었지요. 에우로페의 아름다움은 그만 제우스의 마음을 단번에 빼앗아 버렸어요.

"저 아름다운 여인은 도대체 누구일까?"

제우스는 올림포스로 올라왔지만 에우로페를 잊을 수 없었어요. 그래서 다음 날도 에우로페를 보기 위해 산속을 찾았지요. 그날도 에우로페는 친구들과 함께 소와 어울려 놀고 있었어요.

'오호라, 소를 좋아하나 보군!'

제우스는 에우로페에게 쉽게 다가가기 위해 소로 변신했어요. 소의 하얀색 털은 매우 부드러워 보였어요. 누구나 다가가 한 번씩 쓸어 보고 싶게 만들었지요. 게다가 제우스는 에우로페의 관심을 끌기 위해 아주 아름다운 노래까지 부르기 시작했어요. 노랫소리를 들은 에우로페는 착하고 순하게 생긴 이 하얀 소에게 다가갔지요.

"넌 눈부신 하얀 털을 가지고 아름다운 노래까지 부르는구나."

에우로페는 소의 노래에 반해 자신이 만든 꽃목걸이를 걸어 주었어요. 그러자 하얀 소는 기분이 좋은 듯 에우로페 옆에 가만히 있었지요. 에우로페가 등을 쓸어 주자, 소는 그녀에게 좀 더 가까이 다가갔어요.

오즈의 마법사와 외계 생명체

지금까지 알려진 바에 의하면 우주에 생명체가 살고 있는 곳은 지구뿐이라고 해요. 하지만 이 넓은 우주에서 오직 지구에만 생명체가 있다고는 장담할 수 없어요. 그래서 과학자들은 우주 생명체를 찾으려는 계획을 세웠어요. 이것을 오즈마 계획이라고 해요. 오즈마는 『오즈의 마법사』란 소설에 나오는 오즈의 여왕 오즈마의 이름에서 따온 것이에요. 오즈마 계획은 만약 외계인이 있다면 반드시 자신들의 전파를 보낼 것이라 여기고 지구 밖 어딘가에서 날아오는 전파를 통해 외계 생명체를 찾는 계획이에요. 하지만 오즈마 계획은 지금까지는 모두 실패로 돌아갔어요. 그래도 외계 생명체를 찾는 일은 계속되고 있어요.

▲ 카메라와 과학 장비를 달고 화성 표면을 탐사 중인 화성 탐사 로봇 스피릿의 모습

지구인이 우주로 보내는 편지

이제 과학자들은 외계 생명체의 전파를 기다리는 오즈마 계획에서 한 걸음 더 나가 지구에 생명체가 있다는 것을 알리기로 했어요. 그래서 1972년에 우주선 파이어니어 10호에 지구인 남자와 여자의 벌거벗은 모습을 그린 편지를 담아서 우주로 보냈어요. 이 편지는 영원히 썩지 않도록 금으로 도금한 알루미늄 금속판으로 되어 있어요. 그리고 또 한 가지 방법은 우리가 직접 우주 생명체를 향하여 전파를 쏘는 것이었어요. 과학자들은 이 전파를 외계 생명체가 있을 가능성이 가장 높다고 판단되는 별자리 헤라클레스자리로 쏘았어요. 만약 외계 생명체가 있다면 반드시 우리 전파를 잡아낼 것이라고 기대하면서 말이에요.

"나보고 여기에 타라는 거니?"

에우로페는 아무런 의심도 하지 않고 소의 등에 올라탔어요. 그러자 소는 산속을 지나 바닷가를 향해 달리기 시작했지요. 공주를 돌보던 시녀들이 깜짝 놀라 물었어요.

"공주님, 어디 가세요?"

시녀들은 에우로페가 걱정되어 소를 뒤쫓았어요. 하지만 쏜살같이 달린 소는 어느새 바닷가에 도착했어요. 넘실거리는 바닷물을 본 에우로페가 말했어요.

"이 앞은 바다야. 더 이상 갈 수 없단다. 그러니 어서 돌아가자."

그런데 이게 무슨 일일까요? 글쎄, 소가 망설이지 않고 바다로 뛰어들어 헤엄치는 것이에요. 에우로페는 깜짝 놀라며 말했어요.

"세상에, 대체 어디로 가는 거니?"

하지만 소는 계속 앞으로 나아갈 뿐이었어요. 이대로 가다간 바닷물에 빠질까 겁이 난 에우로페는 하얀 소를 두 팔 가득 껴안았어요.

"저 소가 에우로페 공주님을 먼 곳으로 데려가고 있어!"

어느새 바닷가까지 따라 온 시녀들이 에우로페를 보고 당황해서 소리쳤어요. 그러나 소는 이미 바다 한가운데까지 와 버렸어요. 돌아가기엔 너무 멀리 온 에우로페는 무서워서 눈물을 흘렸어요.

▲ 에우로페를 태운 황소자리 가상도

"도대체 어디로 가는 거야? 너무 무서워."

에우로페는 발길질을 했지만, 소는 멈추지 않고 계속 헤엄쳐 앞으로 나아갔어요. 결국 에우로페가 할 수 있는 일이라곤 파도에 휩쓸리지 않도록 소를 꼭 껴안고 있는 것뿐이었지요. 마침내 소는 크레타 섬에 이르렀어요. 드디어 소의 등에서 내려온 에우로페는 지쳐 쓰러지고 말았어요.

"여기엔 왜 온 거니?"

에우로페가 몸을 일으켜 소를 찾았을 때, 이미 하얀 소의 모습은 어디에도 보이지 않았어요. 에우로페를 내려놓고 그대로

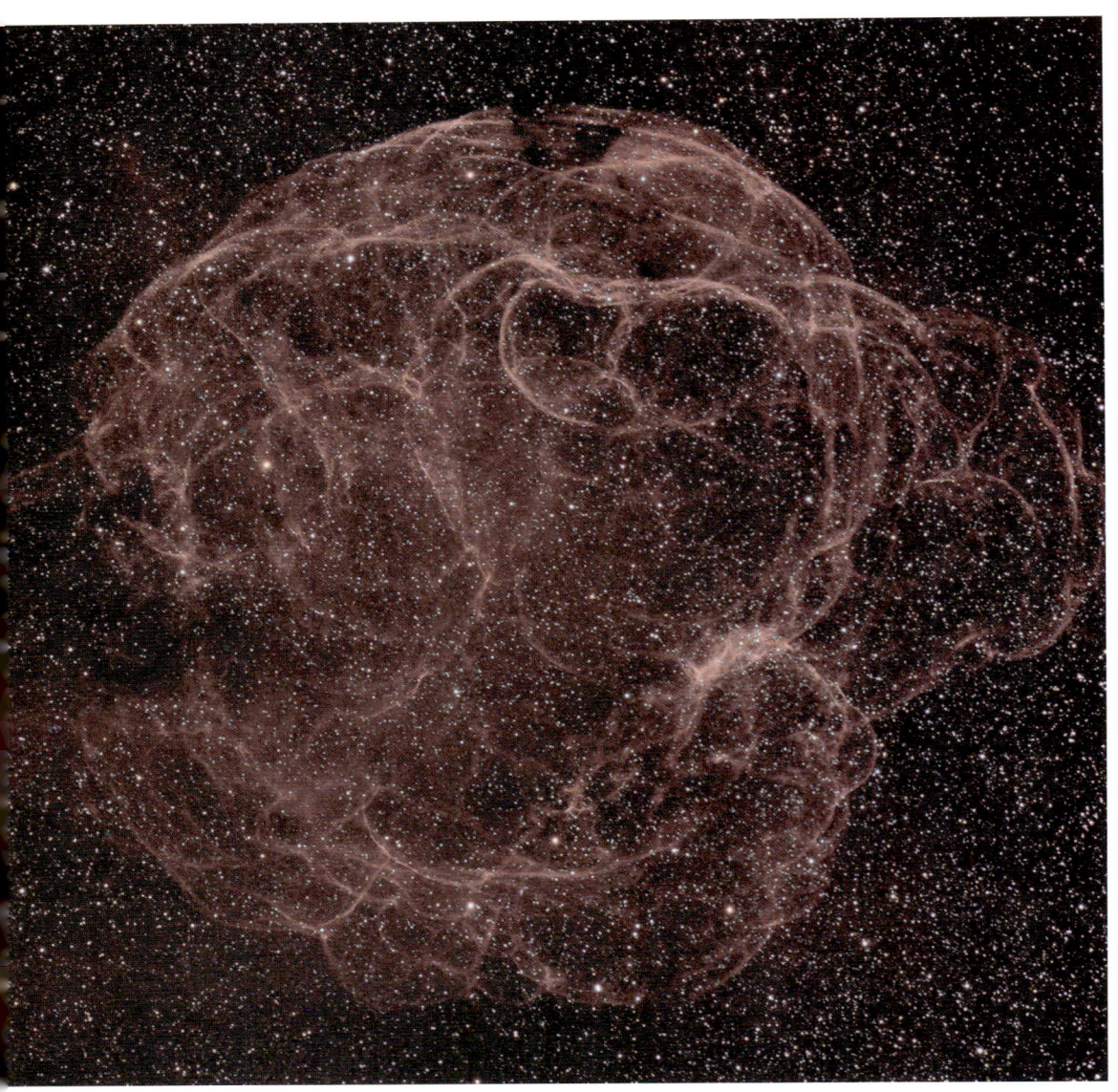

▲ 황소자리와 마차부자리 근처에서 볼 수 있는 초신성의 잔해

감쪽같이 사라져 버린 것이에요. 에우로페는 소를 찾아 이곳저곳을 헤맸지만 보이지 않았어요. 밤이 어두워지자, 낯선 곳에서 혼자 있게 된 에우로페는 너무나 무서워졌어요. 그녀는 두려움에 떨며 잠이 들었지요.

날이 밝자, 누군가 에우로페를 흔들어 깨웠어요. 일어나 보니 잘생긴 남자가 에우로페를 쳐다보고 있었어요.

"당신은 누구신가요?"

그러자 남자가 말했어요.

"에우로페 공주, 놀라게 해서 미안하오. 나는 제우스요. 당신의 아름다움에 넋이 나가 소로 변해 이곳까지 데리고 오고 말았소. 여기서 나와 함께 행복하게 지냅시다. 그대에게 이 주변의 땅과 저기 저 먼 곳의 땅을 주겠소."

그러면서 제우스는 먼 곳을 손가락으로 가리켰어요. 에우로페는 너무 놀랐지만 상대가 제우스라는 것을 알고 고개를 끄덕였어요. 훗날 사람들은 제우스가 에우로페를 데리고 달리온

계절 따라 바뀌는 별자리

계절에 따라 별자리가 달라지는 것은 지구의 자전과 공전 때문이에요. 지구가 계절에 따라 있는 위치가 다르기 때문에 계절마다 다른 별자리를 볼 수 있는 것이에요. 그리고 태양 쪽에 위치한 별자리는 우리가 볼 수 없어요. 태양을 마주보고 있는 지구는 낮이기 때문이지요. 그래서 태양의 반대쪽에 있는 별자리만 볼 수 있는데, 그 이유는 태양을 등지고 있는 지구는 밤이기 때문이에요.

곳을 에우로페^{europe}의 이름을 따서 유럽^{europe}이라고 불렀어요. 즐겁고 행복한 나날도 잠시, 두 사람은 곧 이별을 해야 했어요. 제우스가 이제 올림포스의 궁전으로 돌아가야 했기 때문이에요. 제우스는 떠나기 전 에우로페에게 세 가지 선물을 주었어요.

"나 대신 당신을 지켜 줄 세 가지 선물이오. 섬을 지키는 청동 거인 타로스와 사냥감을 잡아 오는 날쌘 사냥개, 그리고 던지면 무엇이든 명중시킬 수 있는 창이오."

"제우스님, 고마워요. 당신을 절대 잊지 못할 거예요."

한편 올림포스로 돌아간 제우스는 그녀와 보냈던 행복한 나날을 오랫동안 간직하고 싶었어요. 그래서 에우로페를 만났을 때 변신했던 황소의 모습을 별자리로 만들었어요.

백만 엄마들의 가슴을 뛰게 만든 바로 그 책,
〈공부가 되는〉 시리즈

- 재미와 호기심을 충족시키며 교과 연계 학습까지 되는 **기초 교양 학습서**
- 연이은 백만 엄마들의 뜨거운 호평, 출간 즉시 **베스트셀러 도서**
- 통섭과 융합형 교과서로 **하버드 대학 교수가 추천한 도서**

2010, 2011, 2012 문화체육관광부 · 어린이문화진흥원 · 행복한 아침독서 · 국립어린이청소년도서관 · 학교도서관 사서협의회 추천 도서 선정

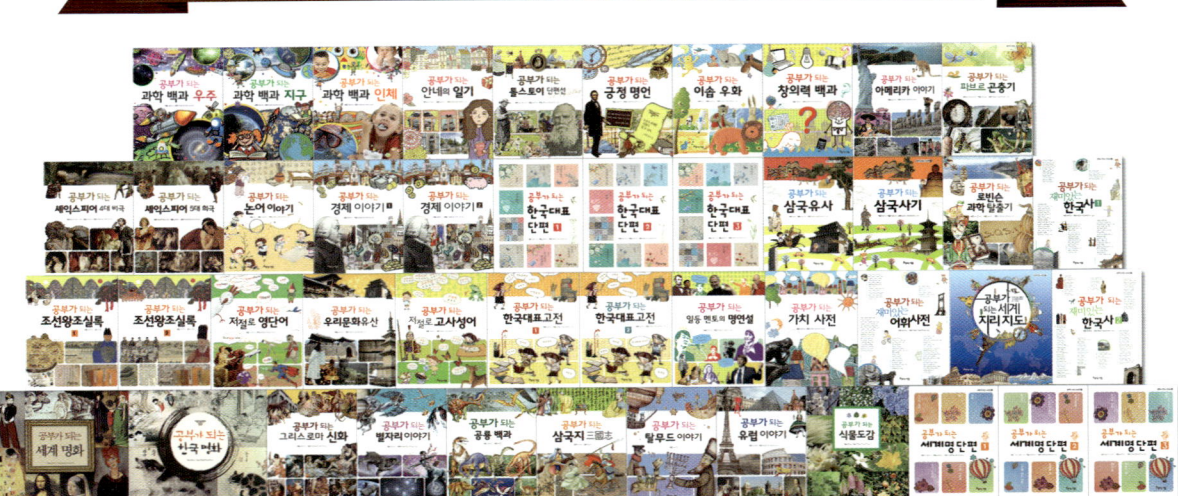

1. 공부가 되는 세계 명화
2. 공부가 되는 한국 명화
3. 공부가 되는 식물도감
4. 공부가 되는 공룡 백과
5. 공부가 되는 유럽 이야기
6. 공부가 되는 그리스로마 신화
7. 공부가 되는 별자리 이야기
8. 공부가 되는 삼국지
9. 공부가 되는 탈무드 이야기
10, 11. 공부가 되는 조선왕조실록〈전2권〉
12. 공부가 되는 저절로 영단어
13. 공부가 되는 저절로 고사성어
14, 15. 공부가 되는 한국대표고전〈전2권〉

16, 17. 공부가 되는 셰익스피어 4대 비극 · 5대 희극〈전2권〉
18. 공부가 되는 논어 이야기
19. 공부가 되는 우리문화유산
20, 21. 공부가 되는 경제 이야기〈전2권〉
22, 23, 24. 공부가 되는 한국대표단편〈전3권〉
25. 공부가 되는 로빈슨 과학 탈출기
26. 공부가 되는 일등 멘토의 명연설
27, 28, 29. 공부가 되는 과학백과 우주, 지구, 인체〈전3권〉
30. 공부가 되는 가치 사전
31. 공부가 되는 안네의 일기
32. 공부가 되는 톨스토이 단편선
33. 공부가 되는 긍정 명언
34. 공부가 되는 이솝 우화

35. 공부가 되는 창의력 백과
36. 공부가 되는 재미있는 어휘사전
37. 공부가 되는 삼국유사
38. 공부가 되는 삼국사기
39. 공부가 되는 재미있는 한국사 1
40. 공부가 되는 아메리카 이야기
41. 공부가 되는 세계 지리 지도
42. 공부가 되는 재미있는 한국사 2
43. 공부가 되는 파브르 곤충기
44, 45, 46. 공부가 되는 세계명단편〈전3권〉

〈공부가 되는〉 시리즈는 계속 출간됩니다.

〈십대들을 위한 인성교과서〉 시리즈

십대가 시작되는 시기부터
늘 머리맡에 두고 반복해서 읽어야 할 책

태도
줄리 데이비 글, 그림 | 박선영 옮김
14,000원

목표
줄리 데이비 글, 그림 | 박선영 옮김
14,000원

선택
줄리 데이비 글, 그림 | 장선하 옮김
14,000원

진정한 부
줄리 데이비 글, 그림 | 장선하 옮김
14,000원

〈초록별〉 시리즈

꿈이 되는 이야기, 마음을 키우는 책 읽기

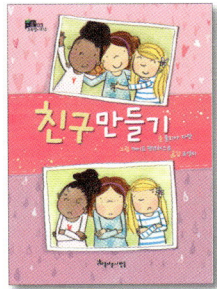

엄마는 외계인
박지기 글 | 조형윤 그림 | 8,500원

아빠가 보고 싶은 아이
나가사키 나쓰미 글
오쿠하라 유메 그림
김정화 옮김 | 11,000원

친구 만들기
줄리아 자만 글
케이트 팽크허스트 그림
조영미 옮김 | 11,000원

아기 토끼의 엄마 놀이
모리야마 미야코 글
니시카와 오사무 그림
김정화 옮김 | 11,000원

왕따 슈가 울던 날
후쿠 아키코 글
후리야 가요코 그림
김정화 옮김 | 11,000원